钟燕青 / 著

成长印记
行走知深处

东北师范大学出版社

长 春

图书在版编目（CIP）数据

成长印记　行走知深处 / 钟燕青著. — 长春：东北师范大学出版社，2020.11
ISBN 978-7-5681-7341-4

Ⅰ. ①成… Ⅱ. ①钟… Ⅲ. ①中小学—师资培养 Ⅳ. ①G635.12

中国版本图书馆CIP数据核字（2020）第236708号

□责任编辑：王立娜　　　　　　□封面设计：言之凿
□责任校对：刘彦妮　张小娅　　□责任印制：许　冰

东北师范大学出版社出版发行
长春净月经济开发区金宝街 118 号（邮政编码：130117）
电话：0431-84568115
网址：http：//www.nenup.com
北京言之凿文化发展有限公司设计部制版
北京政采印刷服务有限公司印装
北京市中关村科技园区通州园金桥科技产业基地环科中路 17 号（邮编：101102）
2022年6月第1版　2022年6月第1次印刷
幅面尺寸：170mm×240mm　印张：11　字数：174千

定价：45.00元

目录
CONTENTS

下 篇　践 行

上 篇

勤 学

背起书包上学去

　　时光倒流，回到2012年10月9日，怀着兴奋又忐忑的心情，我参加了在广州大学城华南师范大学音乐厅举办的新一轮"百千万人才培养工程"启动仪式。会上，李学明厅长、刘鸣校长、二师肖建彬院长、外师曾用强院长等对282名培养对象做了隆重的致辞，为以后的学习与实践指明了方向。"经过这个起航仪式，新一轮'百千万人才培养工程'将扬帆起航，乘风破浪，一定能取得丰硕成果。"随着启动仪式的落幕，我们展开了为期八天的研修学习。

　　启动仪式上，谈松华教授为我们做了题为"教育转型中的校长和教师的使命"的专题讲座。他谈到教育转型对人的素质要求发生了变化，信息网络化和教育信息化推动了教育改革、教育转型，影响了中国基础教育的未来走向。聆听专家们的讲课，我备受感染，深受启迪，渐渐认识到实施"百千万人才培养工程"的意义。

　　在初中名师研修班里，我们聆听了不同类型的专家报告和讲座，通过宏观（肖建彬院长的《基础教育改革与发展理论》、田慧生主任对新课标·修订的解读）、中观（刘良华教授的《学校改进与行动研究》、杨启亮教授的《当代教师专业发展的问题与引领》、李如密教授的《现代教学艺术与教学风格的形成》等）、微观（林君芬博士的《网络资源的利用》、胡兴松老师课题研究的理论知识）等不同层面，我进一步了解和掌握了基础教育的发展方向和目标。

　　我印象最深刻的是华南师范大学课程与教学研究所杨启亮教授关于《当

代教师专业发展的问题与引领》的讲座。杨教授思路清晰，语言精辟，风趣幽默，带给我前所未有的震撼。他的讲座对我的启发非常大，让我懂得作为教师要遵守师德规范，要对得起自己的良心，要有自己的信仰，从职业中找寻幸福。他的讲座让我思考自己的职业，思考基础教育存在的问题。他担忧民族教育，把国家的教育发展当作己任。他睿智、博学、谦和、严厉，让我颇有紧迫感和责任感。我只有刻苦学习、勇于探索、不断进取，才能对得起这位优秀的、高尚的好老师。在今后的学习、实践过程中，尽管可能遇到各种各样的问题，但我会努力去探索，不再逃避，因为我看到了方向。

　　这次培训研修最让我激动的是导师见面会，我见到了直接影响我专业发展的导师——广二师李华教授。能够参加这样高端严肃的学习，我感到十分荣幸，但面对省内顶尖的培养对象，我又有点不知所措，深感压力之大，是李教授一直在鼓励我们好好学习，天天向上。导师见面会的任务是交流分享，培养对象一一道出自己的优势、困惑及努力方向。导师们针对我们每一位培养对象的情况做了详细的分析，还提出了切实可行的方法措施。我想，"豁然开朗"最能代表我的结对体会。我深知要真正成为名教师，未来的路还很长。此刻，我没有他想，唯有珍惜机会，脚踏实地，一步一个脚印地"背起书包上学去"，高质量完成培训任务。

　　几天的学习下来，我的教育思想、教学观念、科研方法、课堂教学艺术等方面的理论知识都有了很大程度的更新和提升，我享受到了学习的快乐。审慎严谨的导师们对我们面对面的指导引领，志同道合的培养对象之间的交流切磋，让我感到在这条漫长而又艰辛的研修之路上，我并不是一个人在上下求索。学习不仅使我们思想升华、幸福满满，更使我们感到学无止境，教亦无止境，未来任重而道远！

上篇　勤学

愿做快乐的英语教学人

根据广东省"百千万人才培养工程"的计划安排，我有幸走进实践导师冯页老师工作的第一线——广州西关外国语学校。下午，我们跟随冯老师走进了广州海珠区，参与了他们的英语教研活动，从冯老师的讲座《追求快乐的英语教学》到海珠区英语教师"人人做教研"的系列发言，我感受很深，收获也很多。

一、追求快乐的英语教学

冯老师的一句"无论工作还是生活，你对它笑，它也会对你笑"，也许道出了她追求快乐英语教学的源泉。"快乐"是通过师生之间的情感共鸣来激发双方教与学的热情的。就教师而言，要在教学中精心设计情景，注意教学情趣，给学生愉快的情绪体验，激发学生对学习的热情；就学生而言，要从感观上快乐，通过教学的不断更新，活跃身心，激发学习兴趣与求知欲，树立克服困难、取得英语学习胜利的信心，享受成功的快乐。

1. 课前——做学生的良师益友

教学不仅是教与学的关系，也是教师与学生双方思想与感情的交流。师生关系直接影响和制约学生的积极性和学习兴趣，也影响着学生的认知。一般来说，学生对教师的喜欢程度会直接影响课堂的学习气氛。受学生欢迎的教师，课堂学习气氛就显得活跃，学生的学习兴趣就会油然而生。相反，一位不被学生接纳的教师，其课堂的学习气氛也显得枯燥乏味。要想创设快乐的英语教学氛围，要做好以下几点：第一，教师要彰显自己的个人魅力和亲和力，注重自己的言谈举止，给学生传递一种亲切、信任、尊重、鼓励的情感信息，使学生有不怕说错、敢于开口说英语的勇气；第二，教师要注意控制自己的情绪，在日常生活中要重视情感因素对学生的影响；第三，通过各种方式走进学生学习和生活的圈子，想方设法地让学生保持良好的学习自信心，做学生的良师益友；第四，培养学生良好的学习习惯也是非常必要的，无论是作业、上课发言、读书、课后复习等都要有明确的要求，"指导学生在学习中锻炼坚强的意志，建立积极稳定的学习情绪"。

2. 课中——创设愉快的课堂气氛

第一，课堂。初中生有着强烈的好奇心和旺盛的求知欲。上课时，教师应尽可能使用多种新颖的教学方法，充分利用多媒体，配以风趣的语句、丰富的表情和体态语言来组织课堂教学，给学生创造轻松愉快的学习氛围。同时，指导学生学习的方法，鼓励学生敢于用英语大胆发言、积极思维，使学生不断产生学习英语和施展能力的兴趣。英语中有很多内容都涉及学生熟悉的生活，教师应适当地把教室变成他们的活动场所，让他们自由施展个性和才华，以此来激发他们学习英语的兴趣。

第二，教材。教师对学习材料和内容的处理应由易到难，逐步深入，还要考虑学生对教材内容的接受程度，关注学生能掌握多少。因此，教师上课时要做到分散难点，降低坡度，减少学习英语的障碍。如把英语中一些难以理解的内容编成口诀，以帮助学生记忆，减轻学生的学习负担；从网上下载听说读写的英语材料或采用自制的课件进行教学；插入音乐歌曲，通过声像的完美结合，并配合生动真实的形象画面、优美动人的语言和音乐来丰富学生的课堂，使学生的思维始终处于积极状态，刺激学生的兴趣和求知欲，增强学生的记忆效果，实现教学目标，达到教学目的。

3. 课后——快乐教学的延伸

开展内容广泛、形式多样的英语课外活动是非常必要的，为了增强学生学英语的兴趣，给学生创造更多运用英语进行交际的机会，教师可以设计和组织多种多样难易适度的课外活动。通过英语学习园地或英语板报来解答疑难问题，分析英语应用的常见错误、讲解语法以及介绍历史风情等，通过英语角开展一些英语游戏，开展演唱英文歌曲、表演英语会话或是短剧等小组活动，组织英语书法、英语朗诵、单词比赛、看英语电影等，让学生在活动

上篇 勤学

中互相学习，相互感染，进而共同提高英语水平。

总之，学生的快乐就是教师的快乐，英语教学，快乐为先。学生的乐学有利于提高英语教学质量，有利于减轻学生的精神负担，缓解学习疲劳，有利于学生身心的健康发展。快乐的教学还有利于丰富学生的情感生活，有利于学生形成乐观、开朗的性格。作为英语教师，要追求快乐的英语教学，让学生在快乐的语言环境中成长。

二、叩问课堂，师本or生本

跟岗期间，我们有幸到不同的学校听了各种课型的示范课和交流课，其中印象最深刻的是两节英语语法教学课，一节是省骨干教师郭老师在西关外国语学校的借班研讨课，另一节是省实南海学校金老师的示范课。两节语法课是传统与现代教学手段的碰撞，是师本教学和生本教学的各自体现。

1. 师本教学，自得其乐

第一节是被动语态的语法复习课。一节课下来，教师把完整的被动语态语法罗列出来，从语法结构到规律再到使用，讲得津津有味、抑扬顿挫，例子举了一个又一个。学生在下边做着笔记，偶尔配合着、附和着，越是到了后面，学生越是安静、沉默。反观教师，已累得大汗淋漓。整堂课都是input、input，但学生掌握了吗？会运用了吗？如何验证学生的学习效果呢？如果教师不管学生的接受能力，不注重学生的课堂反应，自以为一些简单的语法都是学生应该早就理解的东西，自以为讲得很透彻而满足于自我时，很可能已走入了一个误区，即过高或过低地估计学生，带来的可能是教学上的事倍功半，或只是走了一趟秀场。

学情决定教情是不变的教学规律，课堂应从实际出发，在充分发挥教师能量的同时获得学生的认同与认可，让一堂课教有所得，学有所获，这才是教学之道。

2. 生本课堂，妙趣生花

第二节是定语从句的语法新授课。于我个人来说非常喜欢金老师的这一节课。从整节课各环节教学的掌控节奏中可以看出金老师个人素质很高，教学基本功扎实，教态自然、亲切、有效，肢体语言运用到位，英语口语表达流利，课堂驾驭能力强。教师热情洋溢，学生积极参与，师生关系融洽，整堂课的气氛一直是活跃的。这源于金老师针对学情和教情合理设计了条理清晰、环环相扣的教学活动，并张弛有度地落实到课堂教学中去。

一是新课导入好。教师首先谈自己喜欢的卡通人物及其性格特征，一下子就吸引了学生的注意力，因为学生都很想深入了解自己的老师。在和学生进行简单的英文交流时引出猜卡通人物的游戏，并引用了大量的定语从句，自然把课堂推向了第一个兴奋点。

二是巩固新知识形式丰富多样。教师带着学生自然进入新知识学习这一环节，但并没有直接讲解，而是先由学生独立做和定语从句相关的练习，再和学生一起分享、分析、总结、归纳、比较定语从句等，从词到句再到篇章，由浅入深，再深入浅出，符合学生的认知规律。教学各环节丝丝相扣，衔接自然，学生学习的积极性非常高涨，参与面之广让人折服。

三是教师课件运用恰到好处。我印象深刻的是金老师在教学过程中引入了丰富的网络资源，图、文、声并茂的多媒体课件充分调动学生运用多种感官参与学习语法活动，既为学生创造了一个全新的、多元化的、原汁原味的英语语法学习环境，也激发了学生学习语法的兴趣，调动了学生学习的积极性和主动性，使得英语语法教学变得不再枯燥乏味。

通过今天的观评课学习，我一直在反思自己的教学行为，也认识到自己的教学观念比较陈旧落后，教学方法与现代教学模式存在着一定差距。实际教学中，我常常以应试为理由，只顾知识的讲解与运用，而忽略了教中求学、学中寻趣。今后，我要尽可能创设真实的语言情境，让学生在生活场景中展开学习，学以致用，以学生为主体，师生共享快乐，共同成长！

三、初探小组合作学习

我们一行有幸追寻广州的名师名教来到了广州六中珠江学校，聆听了吕苏玲老师的单元复习课。这节课以一位友人来访广州为活动主线，让学生为朋友到来可能遇到的一系列问题提出不同的建议，彰显了英语教学小组合作学习的特色。

吕老师在课堂上通过小组合作学习的形式，有节奏地让学生练习，这样，无论学生成绩好、中、差，人人都能参与。学生被一种积极的情感所支配，大大激发了参与课堂教学的热情，调动了学习的积极性。本节课落实了以学生为中心的课堂教学模式，学生成为教学的主体，他们在一个近似自然的语言环境中交际，以达到学习的目的。从本节课的教学组织来看，小组合作学习为课堂教学提供了简便、有效的操练方式，起到操练语言、有目的地实践语言项目的作用，从而达到当堂巩固的效果，并为学生提供了大量向其他同学学习的机会，加快了教学的节奏，加强了训练的密度和广度。

课后，吕老师与我们分享了小组合作学习的构建及其评价体系。小组合作学习分为group work和pair work等，一般要求学生2—4人一组，围绕教师所给的话题进行语言活动，或操练语言段落，或发表个人见解，或通过交流讨论得出小组综合性结论。小组合作学习需要注意的是：要指导学生做好充分的准备工作，如话题要精心选择、分工要明确落实、主题要贴近生活、活动要时间充足、评价要及时全面等。

我印象最深刻的是吕老师对小组活动评价体系的探究。她对每一小组单元小测验的进步幅度进行不同的加分；平时狠抓学生背书，当天背完书的加分，发短信表扬；设立4名课代表，专门有一人负责统计得分情况，一周公布一次，还将小组管理与德育捆绑；平时鼓励帮扶学生参加各类比赛等。最特别的是，她把自己也列为其中一组，专门解决学生小组里解决不了的问题，大大拉尽了与学生之间的距离。在小组合作学习中，吕老师真正成为学生学习的引路人和促进者。

至此，我深深领悟到英语课堂的小组合作学习必须做到细腻、有序、坚持。成功不是一朝一夕，师与生、教与学若能由被动转为主动，由主动转为互动，再向灵动推进，相信就离快乐教学不远了！

四、我的返岗研讨课后记

自跟岗学习回来后，我一直在回味学习中的一点一滴，唯恐漏掉了什么。每次回看听课记录，我都很受触动。我深深地领悟到，无论什么课型，教师都要认真备好每一节课，踏实上好每一节课，既要重视语法和词汇知识的讲解与传授，又要注重学生实际语言运用能力的培养，关注学生的学习兴趣、生活经验，让学生在课堂教学中学有所得。

一周过后，我结合跟岗学习的体会和设想上了一节有效课堂的研讨课，即仁爱版七年级下册Unit 3—4的单元复习课。

课前，我苦苦思索如何将两个单元的内容重新整合设计，以及怎样才能让学生学到更多的东西。经过思考，我决定采用"Mr. Bean"这一学生熟悉而又非常感兴趣的人物活动把词汇、话题、语法等串联起来，使学生对这两个单元的知识有系统的掌握，在头脑中有清晰的轮廓，同时通过小组合作，做到取长补短、互相促进、共同提高。Unit 3的词汇主要是食物，话题是Invitation和Shopping；Unit 4的词汇主要是活动，话题是Picnic和Time。明确了教学内容后，我着手设计了系列的教学活动。

课中，从词汇到短语到句子的生成，我都充分利用学生的展示欲望，给不同层次的学生表现的机会，激发他们的学习热情，并采用小组成员协作的活动方式，从听、说、写三个方面帮助学生巩固已学单词、短语及句型。这是一种有趣、有效的词汇、句型复习与学习手段，主要教学流程如下：

（1）课前，通过播放英文歌曲*What You Want to Be*引起学生的注意，回忆歌词中的职业，引出Unit 3关于职业的词汇复习。

（2）明确本节课的学习目标。

（3）头脑风暴导入。通过对人物描写的小游戏，猜猜身边熟悉的人物，引出Mr. Bean。利用Mr. Bean一天的生活作息时间复习时间的句型"What time is it？""It's ..."" It's time to ..."。

（4）视听说训练。播放一段Mr. Bean去郊游的视频，学生看完后讨论交流，逐一回答问题，并通过观看视频提取信息，完成短文的填空。这一步大大活跃了课堂气氛，也为下一步的写作埋下伏笔。

（5）听力练习。假设Mr. Bean将到江门来，我们打算与他一起去郊游，小组讨论郊游的地点、时间、要带的物品等，学生积极参与，为听力做好铺垫。播放听力材料，让学生完成信息卡的填空，这一步既复习了打电话的用语，又明确了Shopping要买的郊游物品，更为接下来的写作准备了充分的词汇。

（6）概括"邀请"用语，着手写作训练。这一步让学生更加明确写作方向，词汇、要点、内容都已具备了，写作题目是《写一封信邀请Mr.Bean和我们一起去郊游》。由于教学目标明确，且在学习过程中复习了词汇和句型，所以学生动起笔来得心应手，条理也比较清晰。

（7）展示学生作品。在展示学生作品之前，我们一起回顾了平时训练写作时提到的"663"模式，并结合自己的习作自我检查，及时修改，学生较好

上篇 勤学

地完成了写作任务。

　　课后，我不断反思，从这节课的教学效果来看：第一，复习课是必须进行的，可以让学生对单元知识点有一个整体的概念，及时梳理，做到温故而知新，但是教师不能把练习课或讲评练习当作复习课。第二，写作教学必须开展，落实到每一个单元话题上来，并且要让学生掌握一定的写作技巧，针对不同的话题运用相关的词语、句型、语法等要素，做到词不离句、句不离法。还要让学生明确教师的评分标准，做到心中有数。第三，把小组合作学习应用于各种课型。由于我所教的班级人数较多，要考虑学生作为主体的主动性和积极性的培养，同时要考虑课堂教学节奏，兼顾不同层次的学生，小组合作学习是面向全体学生开展的语言实践活动的教学模式。我会继续探索和实践，不断更新和积累，让英语教学工作更有生活性和实用性。

　　通过这节课的教学，学生之间的合作学习展现了优势和潜力。英语课堂教学应注重多维和互动，教师的讲授一定要向学生的探究学习转变。教师要学会欣赏学生，激发并保持学生的学习兴趣。另外，还要让学生学会自己解决问题，让他们在亲身体验中学会知识，并培养其口头表达能力，这样学生才会真正掌握知识。

　　作为教师，唯有不断实践、不断总结、不断创新和不断反思，才会使自己的教学不断进步！

小步走，不停步

2013年7月1日，"百千万人才培养工程"的42位名教师怀着愉快的心情聚首一堂，踏上为期九天的高端研修学习之旅。广二师培训处处长首先为我们做了开篇之说，重新解读了"名师"的含义、培养方案及其实施阶段的开展情况。虽然我们的研修任务比较重，但也是按部就班、渐进式进行的。培养处处长还把学员一年来的活动进行了回顾与分享，并明确了下一年度的培养活动，真是让我们几分欢乐几分愁，唯有在研修的大道上继续前行。

一、人文学科与现代教育

下午，我们来到广东省实验中学，中山大学的陈春生教授为我们做了题为"人文学科与现代教育"的学术报告，这是我很少接触的课题。

陈教授首先以"观乎人文，以化成天下"导出主题，从人文学科的历史本质角度分析了它的起源、根源及重要性。陈教授分析人文学科的特点时说，思想的发明重于知识的创造，有价值的思想基本源于学者个人的"孤独思考"，其评判的标准更多以本学科最优秀学者活生生的榜样作为准绳，"同情之理解"重于"规律的解释"，学术成果的检验方式以"理论批判"为主。一种思想被接受，依靠的是"共鸣"，而非理性的"说服"。学术的发展不是经验知识或逻辑意义上的"取代"，而是艺术史意义上的"超越"。

人文学科对我来说很新颖。陈教授说，人要做自己的事情，做自己喜欢的事情，所作所为让自己舒服，那就是人文的本质。受社会和家庭环境的影响，学生从小接受的人文素质教育及要求非常有限，人文素养普遍比较缺乏。从学校方面看，有时片面追求升学率，轻视人文素质教育，造成学生人文知识水平及文明修养程度普遍不高，这种现状值得每一位教育工作者警惕和深思。

对于一个民族和国家而言，最值得人们珍藏的正是这个民族和国家的人文精神。有一位体育老师说过，一个人有没有气质，不是看他语数外学得多好，而是看他的音乐、美术、体育有没有学好。另外，对于人的可持续发展来说，理性的思维、宽容的心胸、健康的心态、良好的自我管理能力以及足够的合作意识至关重要。

二、时代、思想、艺术

上午，我们迎来了著名艺术家、广州美术学院美术史系李公明教授谈教育问题，他给我们做了题为"时代　思想　艺术"的报告。

李教授的报告分为三个部分。

1. 时　代

我国社会进入转型时期，这是时代的主要特征，每个人都有了更多自由选择的机会和平等发展的权利。"忽如一夜春风来"，是否马上"千树万树梨花开"？这是值得我们思考的一个问题。

2. 思　想

作为教师，我们除了要教育学生学好文化知识，当个好学生，还要做好的家庭成员，这是做个好公民的基础。幸福取决于一个人对待生活的方式和态度，取决于一个人对家庭成员的关心和爱。因此，在关心国家、社会、他人之前，先要关心和爱护自己和自己的家庭成员。另外，学生应从小学会自治，进行各种尝试，参与各种社团，在"定规则"之前，每个人都要认识和改善自己，敢于承担责任，学会平等地和他人相处。

3. 艺　术

李教授从自身和家人的阅读习惯与阅读成就艺术的角度与我们分享了阅读与艺术之间的密切联系，让我对阅读有了一种新的感悟。阅读使我们突破有限的人生经验，使生命的感知、体验和领悟都超越了个体生活的局限。阅读对于培养对生命的尊重、对独立人格的坚持、对自由的热爱都有激进的作用，其激进气质可以打破安逸而平庸的生活，帮助我们在生活中发现真实的人性与善良。阅读与艺术是生活之树长青的源泉！

李教授的报告简约而精彩，让我们对现代教育有了新的思考。家庭、学校、社会都有责任给孩子们提供更多的艺术人文教育。

三、实践与挑战

下午，我们迎来了本期高端学习的第三讲，香港教育学院莫家豪教授从社会的角度谈教育的问题，报告的主题是"全人教育：实践、挑战与高等教育前瞻"。虽然莫教授分析的内容重点是高等教育，但与基础教育也是有关系的。

莫教授从七个方面剖析了全人教育，分别是高等教育主要态势与学生学习的挑战、亚洲建设"世界一流大学"运动对大学治理的影响、推进全人发展的策略、塑造世界公民、培养社会情怀、服务外展课程、对亚洲大学的影响等。面对全球化竞争状态对全球人才的需求，人与人之间的交流也变得国际化。做好、做强全人教育不单是高等教育的主要态势，也是对每一个学生学习的挑战。全人教育培养的是有全球视野及社会关怀的人，应具备品质与道德责任、卓越的专业能力、智慧培育与动脑参与（独立的分析和研究）能力、公民意识与社会责任等。

为此，学校将提供智力考量与学术自由以及原创性、革新性和循证性的教学，以专题为主，让学生进行个案研究，可以是解难为主的研习，也可以是小组共同学习的teamwork，各抒己见，训练学生思考、表达的能力。这些做法大大提升了学生的学习质量，让学生拥有专业的知识技能与健全的价值道德观念，能在多元文化的环境中学习，成就国际化人才，更好地为社会、为国家服务。

全人教育要求的是高素质的综合能力，作为基础教育的一线教师，应为学生的全面发展多想办法，多做实事，更多地反思全人教育对学生未来成长、成才的重要性，与学生同步学习，掌握多元教学方法，更好地为学生服务。

四、优秀教师的专业追求与实践智慧

浙江大学、省师干训中心刘力教授关于"优秀教师的专业追求与实践智慧"的讲座给我们带来了教育的新理念和新观点。

上篇 勤学

刘教授提出两个话题进行交流：其一，优秀教师的专业追求与实践智慧；其二，研修的重点在于校本培训。刘教授说木桶的短板决定教育的水平。

刘教授播放了视频《教师的启示》，并声情并茂地为我们诵读。相对于用脑工作而言，优秀的教师是用心工作，是信仰驱动工作，如此才有持久生命力的教育创新。

关于教师的专业发展，刘教授强调教师即研究者，并通过几个关键词让我们思考真正的优秀教师是什么样的。

1. 教师的教育信念

（1）教育的目的是什么？哪种教育目的最重要？

（2）学生应该接受什么样的教育？

（3）什么是好的教育？

（4）好的教育应该如何实施和评价？

（5）如何看待教育职业？

2. 教师情绪与课程实施的关系

对教师来说，教学也是一种情绪实践，教师要懂得人际知识，对学生进行有效的感知和了解等。

3. 优秀教师的备课

优秀教师备课时务必思考：我的课程能帮助学生思考和回答哪些问题？如何鼓励学生对这些问题感兴趣？学生可能拥有或具备什么样的知识能力和经验？等等。

4. 胜任力的培养

作为学习的管理者，应从哪些方面、采取什么样的理念促成学校教师的专业成长？

（1）处理好教师发展与学习之间的关系，走出培训的被动模式。

（2）处理好教师学习硬技能与软技能（情商）之间的关系。

（3）处理好经验与反思之间的关系，不断改造、转化和创造经验，自觉加以反思，走出经验固化的误区。

（4）处理好研究学生、学科与了解自我的关系，形成自己的教学风格，走出趋同化的研修模式。

（5）处理好系统化培训与定制化培训之间的关系，走出划一的集体模式。

（6）处理好学生学校情境学习的教学与校外生活情境学习指导之间的关系，走出只重课堂教学的单一模式。

（7）处理好提高学科水平与教学水平之间的关系，走出只重教学法的工作模式。

（8）处理好远迁移与近迁移，以及what、how、why、who之间的关系，走出只重操作模式的直接学习模式。

5. 通过课例研究开展教师研修

把常态课教学、研究课教学与跟进式教学结合，不就课论课，明确研究的主题。教师的核心责任不仅是上好课，而是促成每一名学生的学习。评课应围绕"我从实践中学到了什么"展开讨论，做到重视课后研究重于课前备课，并撰写课例研究报告以加强反思。

聆听了刘教授的讲座，我感受到了教育的无穷力量，更感受到身上的责任和压力。教师对学生的学业水平有影响是容易的，但对学生的智力和心理发展产生重大而深远的影响是不容易的。我们要求学生优秀，教师首先要优秀，要爱学生，爱职业，给学生提供良好的成长环境。优秀教师不仅要关心学生所学的知识，还要引领"儿童社会化"，让学生喜欢学习，终身学习。教师这一职业是"水涨船高"的职业，要终身学习，不断提高自己的专业水平和职业修养。

行走在教育的路上

秋去冬来，从杭州学习回来又过了两周，该是我们"百千万人才培养工程"初中英语组实践跟岗学习的时候了。带上行装，怀揣学习梦，我们来到了广东珠海，跟随我们的导师广东省名师工作室主持人、珠海实验中学的孙新老师学习，莅临指导的还有两位理论老师，分别是省二师的李华教授和省教育研究院的黄丽燕博士。对于这一次的研修学习，我感到无比的兴奋和期待，却又感到无穷的压力和紧张。兴奋和期待的是每一次的学习我们总有很多的收获和思考，感到压力和紧张的是面对省一流的导师团队。

一、整理行囊，继续出发

出发之前，组长根据导师的布置让我们多思考工作、学习上遇到的困难和困惑，请导师给我们支着儿。深知这次机会来之不易，也深感这次培训任务之艰巨，我沉下心来，认真思考。目前，我在开展课题研究方面遇到了瓶颈，主持的市级课题《信息化环境下的高效课堂策略研究》在实施阶段遇到了很多困难。另外，我一直在教科研方面做得不够开阔，很多的教研活动也只是停留在上公开课、观课、评课这一层面上，没有深入拓展。带着这些疑惑，我踏上了跟岗学习的征途。

二、走进前沿名校，体会幸福

珠海实验中学地处市中心，其精巧的布局、优美的环境、纯洁的校园文化让人心生向往。通过孙新老师和郭校长对学校的介绍，可以看出他们深深地爱着这所学校，爱着这里的学生，同时学校和谐幸福的人文理念、务本求实的办学方针深深地印入我的脑海。珠海实验中学有先进的管理、规范的制度、科学的理念、丰硕的办学成果，更有一批业务精湛、爱生敬业、勤于钻研、乐于奉献的教师队伍。作为教研主任的孙老师，带领着他的教师团队紧跟教育改革发展步伐，始终站在教育教学的前沿，敢于拼搏，吃苦耐劳，积极地把名师专家请进来，带领教师走出去。他高瞻远瞩的眼光和魄力成为学校教育教学的弄潮儿。在跟岗学习的日子里，实验中学的领导和教师热情慷慨地给予我们学习、生活、工作等各方面的照顾，我们也融入了实验中学，体会到实中人的幸福。在这里，我学习借鉴了先进的教育教学经验，提升了自己的业务素养。

三、走近名师导师，丰硕自我

跟岗期间，我们有幸观摩了英语听说课、阅读课、语音课等各种课型，有助于我们审视自我，反思自己的教学，研究和改进自己的课堂教学。

孙老师为我们上了一节常态课，充分展示了他的教育教学机智，充分体现了依托教材以人为本的学生发展观。他与学生的交流自然、和谐、灵动又充满生机，教学内容非常充实且有条不紊，过渡和衔接都做得很到位，这是最值得我学习的。虽说孙老师经常出差，常常由其他教师替课，但这丝毫不影响孙老师与学生之间的默契与配合，课堂上全班学生自带"孙"体，我想这就是孙老师的人格魅力吧。

实验中学青年教师的公开课可谓"初生牛犊不怕虎"，他们的课堂充满着智慧、激情与创新，容量大，教学方法和手段也很前卫，无论是教学所用的图片，还是教学活动的设计，都走在潮流前沿，也比较生活化，都非常贴近学生的思想和心理。因此，学生能积极投入课堂学习，取得很好的教学效果，很值得借鉴。

我们学员也派代表做了交流课的展示，无论是傅红老师的旧课新授，还是巫英老师的不同教材构课，都展示了学员认真、从容、亲切的教态。虽说都是很有经验的教师，但学员们依然进行了集体备课，大家出谋划策，务求达到最好的效果。这样的小组讨论是我们必做的功课，我们可以从同伴身上学到很多东西，让我们有更大的收获。

此外，孙老师还带领我们参加了珠海市其他教研活动，我印象最深刻的是在珠海五中观摩学习的语音课。那是一节纯语音教学课，我感到非常震撼。在我看来，语音教学是隐性的，应该渗透在对单词、语群、句子的教学中，而这节语音课上，杨老师把初中的语言教学点集中到一起，从语音、语调、停顿、连读、感情色彩等方面入手，由浅入深，通过各种活动的设计，激发学生的兴趣，让观课的教师耳目一新。

四、走近专家导师，拨开云雾

这次跟岗学习，李华教授和黄丽燕博士放下百忙的工作来到英语教学第一线，与我们一起听课、评课。听课时，他们比我们每一位学员都认真，把每一位授课教师的优点、亮点、不足之处都记录下来。他们对英语教育教学有着独到而深刻的理解和见解，使我学习到了最前沿的教育教学理论，也深深认识到传统教学和新课改下有效教学的区别，还让我对听课、评课有了新的认识。一直以来，我们听课可能很大程度上是为了完成任务，不理解听课的目的，不分析听课的内容，不清楚要研究的问题，评课讨论只停留在教师在课堂上的行为表现，较少关注学生的学习态度、情感表现和师生、生生间的互动合作。一些听课教师虽然提了不少意见，但只是对课堂上出现的一些现象就事论事，不能对这些课堂现象深入透视，不能触动现象背后的理念，当然也欣赏不了课堂中真正的精彩。这样的评课对上课教师及评课教师的触动不大，帮助也不多。

听了黄博士和李教授对听课所做的点评，深感他们站得高，看得全，理念新，把大局，重细节，他们在教育教学理论和具体的课堂教学方面给了我们很多的指导，而且他们重视对学生的发展进行整体规划和引领，全面长远地培养学生的能力，在教育教学和学生成长等方面给我们一线教师提出了许多宝贵的意见。我深深地被两位专家的人格魅力、精湛业务和研究精神所倾倒，我定会检查自己课堂的不足，取长补短，不断学习，不断反思总结，提高教育教学技能。

五、感　悟

以往，我一直忙于一些事务性的工作，忙于学生的备考，也曾思考过自己的不足，但是真正的学习与反思还是始于这次跟岗研修。在这短暂的八天里，孙老师精心为我们安排好每一天的学习任务，一次次面对面的研讨互动，一个个耳目一新的课堂现场，一场场获益良多的专家导师点评，一轮轮智慧碰撞的小组讨论交流，都让我感到无比震撼，深深烙在我的心里。作为个人，不论是在思想上还是在工作以及生活的态度上，特别是对待英语教学的理念上，我都有深刻的触动，让我在匆匆行走的教学路上停下脚步，审视自己走过的路，认真反思从前的教学行为与态度和以后的教学生涯。

八天的学习，我确实觉得自己要学的还有很多。多一点学习，多一份投入，多一次思考，多一份探寻，我们在教育工作中才会多一些快乐，多一些成长，多一些贡献！最后我用一句话鞭策自己："我还在教育的路上行走，怀揣梦想，继续前进。"

在行思中沉淀

又一年，我做好了期中考核的准备，来到广二师研修。研修期间，我们分组进行了小组学员的课题成果汇报，聆听了黄晓婷、黄葳等专家教授对课题研究的指导和点评，还有上海市教委教研室韩艳梅博士对上海市义务教育阶段课程改革的分享及高永娟老师对教学智慧的思考等专题汇报，我从理论与实践层面学习了教育科研的方法，我的教育观念得到进一步更新。本次培训给予我的启发是一笔永久的财富，我获益良多。

一、更新教育观念，提升个人素质

社会在进步，科学技术在发展，人人都需要跟上这个时代的步伐，都需要更新自己的知识。一位成功的教育者，更是一位善于自我更新知识的学习者。韩艳梅博士对上海市义务教育阶段课程改革的解读和高永娟老师对教学智慧的思考等专题汇报，使我对教育教学观念有了新的认识，并重新审视和剖析了自己的教育教学观，对学生观、知识观、课程观有了更新、更高的理解。苏霍姆林斯基说："教师所知道的东西，就应比他课堂要讲的东西多十倍、二十倍，便能应付自如地掌握教材，到了课堂上才能从大量的事实中选出最主要的来讲。"可见，教师如果不及时更新、提升自我，仅仅满足于学习和研究某一专业，是根本不能适应教学需要的。另外，科学技术瞬息万变，教师这一职业本身决定了教师必须以积极的态度正确对待已有知识和不断增加的新知识，努力使自己从专业型教师向综合型教师发展。这次研修让我感受到了教无止境，学亦无止境。

二、走向实践与反思，提升科研能力

黄晓婷主任说："要让科研课题成为名师成长的平台，通过教育科研打造著名的科研团队，提升教师专业素质，进而推进教学水平和教育质量。"我想，教师的教育科研就是为了更好地为教育服务，行走在这一道路上，要学会思考，勤于思考，善于思考，不断把自己在教育教学过程中产生的点点滴滴的想法和感悟记录下来，常常反思和总结。通过研修，我树立和增强了以研促教、以教促学的意识，反思了自身在教育教学上的不足，认识到教师的专业成长是不断向自己的课堂实践学习，在修正和反思中成长的过程；是向同行和书本学习，在借鉴和内化中不断提高的过程。可见，教研和反思是教师专业发展的核心所在。当遇到教学实践的问题时，我们应审视、反思、分析和解决问题，努力寻找适合自己专业发展的道路。

另外，各方学员的优秀课题研究案例让我学到了很多研究课题的方法与技巧，丰富了我的课题知识，不同程度上提高了我的教研能力。学员成果汇报完后，导师为每人评析，还有专家教授们对优秀课题的指导和点评，有效地促进了我对课题研究方法的改进和课题反思能力，也使我认识到自己做课题研究中所存在的不足。学习—实践—反思—交流—再实践，在实践中提高自己的认识，我深深地感悟到教师做科研是一门伟大的学问，不是一朝一夕就能学会的，需要认真钻研和日积月累。这次研修让我学到了很多学员的先进经验，也让我明白了教师这个职业的沉重分量。

三、增强了信心，也倍感压力

上海特级教师高永娟老师对教学智慧的阐释让我有一种"忽如一夜春风来，千树万树梨花开"的感觉。她说："既然选择了教师这一职业，就一定要做一名好的教师，一定要做一名好的语文教师。"我们不仅要做好教师，还要做专业的好教师。只有不断提高自身的综合素质，不断学习和掌握新的技能，才能快乐工作一辈子。在工作中，不可避免地会遇到各种不愉快的事，但我们要心情愉快地去思考问题，处理问题，建立起良好的人际关系，培养多种兴趣与爱好，并合理安排时间，张弛有度，这样才能以积极健康的

上篇

勤学

工作热情投入到教学活动中去。

高老师提出"定下目标，做好计划，脚踏实地""小步走，不停步，积小步成大步""我想，我做，我成功"等口号；二师培训处也致力要打造"最美嫁衣"，把学员漂亮、风光地"嫁"出去……通过这次研修，我感到自己身上的压力更大了，名师不是打造出来的，也不是宣传出来的，而是在学习和实践中积淀出来的。要成为名师，最重要的是要拥有扎实过硬的教学功底，而这一切都建立在丰富的理论基础上，要广泛涉猎与教学相关的理论知识，并把抽象的知识理论与实际的教学实践联系起来，让理论指导实践，再通过对实践的不断反思、完善，提高教师自身的综合水平。"问渠那得清如许，为有源头活水来"，作为名师培养对象，在今后的日子里，我只有不断地学习理论知识，研究和探索教育教学规律，把科研和教学结合起来，才有资格在成为名师的道路上奔跑。锻造名师的机会在于每一节平凡的课堂，这也是我今后努力的方向。

期中研修虽已结束，但反思还在继续，学习也没有停止。每一次的学习研修，我都保有"欣赏别人的智慧，做快乐的教书匠"这一开放、融合的心态。虽然"名师"的称号离我还很远，但我坚信有追寻便是快乐，有希望便是幸福，这追寻和希望就是让每一名学生走得更远。

走近美国基础教育

2014年11—12月，我跟随广东省"百千万人才培养工程"初中名教师文科班从广州飞抵美国纽约，参加了为期三周的纽约哥伦比亚大学教育学院的高端理论研修、纽约和匹兹堡的中小学跟岗学习以及华盛顿中小学的教育参访。通过聆听专家讲座、参观各大中小学等教育机构，实地接触了美国的基础教育，尤其是导师互动、师生交流、校方介绍、走进课堂等活动让我对美国的基础教育有了较为真实客观的认识和了解，收获颇丰。

一、研修学习，认识美国基础教育

（一）杜威先生的教育理论

我们的研修学习从哥伦比亚大学开始。哥伦比亚大学是纽约市的私立大学，常青藤盟校之一。哥伦比亚大学中国教育研究中心的程贺南博士引用杜威的教育思想——"教育即生长""教育即生活"分析教育的本质。

1. 教育应采取"自然主义"方法

因为生长是生活的特征，所以教育就是不断生长；在它自身以外，没有别的目的。学校教育的价值，它的标准，就看它创造继续生长的愿望到什么程度，看它为实现这种愿望提供方法到什么程度。

——杜威《民主主义与教育》

教育应从学生的需要和兴趣出发。教育不是生活的预备，而是学生现在生活的过程。学校不应是借助文字符号向学生灌输文学、历史、地理等学科知识，而应着眼于学生的生活经验。教学应从学生现有的直接经验开始，经过经验的不断改组、改造，使学生获得适应社会环境的能力。

2. 教育应提高学生对民主的认识，培养学生的社会责任感

程博士就杜威教育模式分析其特点，强调从经验中学习，因为"全部教育都离不开经验。教育是在经验中、由于经验、为着经验的一种发展过程"。一切学习都来自个体的直接经验，"没有经验就没有学习"（杜威《经验与教育》），因此，学生应采用灵活多样的学习方式，社会应创造良好的学习环境，并把学习与实际生活联系起来。这些做法值得我们思考与借鉴。

另外，程博士还分析了杜威关于教学主张中的师生关系。学生应该在学习过程中扮演重要角色，更多地为自己的学习设定目标。教师不能是学生的"导师"，而仅仅是学生从事活动的指导者、参谋、助手。教师不能忽视教学过程中师生之间的合作关系，而应该鼓励学生，帮助他们制定学习目标，在教育过程中采取"问询式"教学方法，激发学生自己解决问题。此外，教师还应该具备教授跨学科知识的能力。

（二）美国基础教育概况

1. 学校与学制

美国有着完整而独特的教育体系，实行地方负责制的管理体制，各地发挥自主性、创造性，使本地的基础教育具有特色，灵活多样。从整体上说，美国教育可以分为四个阶段：学前教育、初等教育（小学）、中等教育（初中和高中）和高等教育。前三个阶段都属于大学前（pre-college）的教育，又称为基础教育，即K-12教育阶段，也是义务教育。

2. 教学方法

在讲述美国基础教育时，程博士结合她读五年级的儿子所经历的学前教育和初等教育分析了批判性思维、项目式教学和科学项目。其中，项目式教学就是学生在教师的指导下亲自处理一个项目的全过程，并在过程中学习掌握教学计划内的教学内容，学生分组或独立完成项目，解决在处理项目时遇到的困难。项目式教学提高了学生的兴趣，自然就能调动学生学习的积极性。因此，项目教学法是一种典型的以学生为中心的教学方法。学生的课后作业常常是教师将一个相对独立的项目交由学生自己处理，信息的收集、方案的设计、项目的实施及最终评价都由学生自己负责。学生为了完成该项目，必须了解并把握整个过程及每一个环节中的基本要求。这一作业的完成时间大多一两周，有的甚至是一学期。作品创作的过程恰恰是对学生进行过程性评价的最好体现。项目教学法对于我今后的教学很值得研究和实践，它主张先练后讲、先学后教，强调学生的自主学习、主动参与，从尝试入手，从练习开始，调动学生学习的主动性、创造性、积极性等。学生唱"主角"，教师转为"配角"，实现了教师角色的换位，有利于加强对学生自学能力、创新能力的培养。

3.美　学

说到美国的基础教育，一定要提及美学在美国幼儿教育中的应用。哥伦比亚大学师范学院附属幼儿园的Heather J.Pinedo-Burns博士专门为我们上了幼儿美学课。她说美学是一种哲学，需要采用针对幼儿需求的方法，致力于培养幼儿的探索意识。尊重幼儿是幼儿教育的基石，幼儿的世界里充满着影像、胜任、能力与好奇。美育是全面素质教育的重要内容，对培养幼儿健康的审美观念和审美能力，陶冶高尚的道德情操，培养全面发展的人才具有重要的作用。一个人如果从童年时期开始就受到美的教育，善于感受并高度欣赏一切美好的事物，那么他一定能成为优秀的人。美学是爱的附属品，有利于幼儿身心健康成长与和谐发展。因此，应给予幼儿时间和环境来探索，把幼儿的好奇心和兴趣带入课堂，让幼儿不断地创造生活的"奇迹"，激发幼儿的惊奇、合作与快乐。如与石头讲故事、和光影讲故事、健康零食、大自然的启发、数学艺术、家庭聚会、社区活动等，这些都能塑造幼儿的审美意识和完美的人格，使其生活更加充实和愉快，充满信心与勇气。

虽然我们不是幼儿教师，但美学是无处不在的。在以后的工作中，无论是教学还是环境，我都会加入更多的色彩，让学生感受更多生活的美、学习的美。

（三）批判性思维

"I hear and I forget. I see and I remember. I do and I understand."哥伦比亚大学Robert Monson教授引用孔子的"不闻不若闻之，闻之不若见之，见之不若知之，知之不若行之"展开了他《提高学术表现的全球趋势：重视批判性思维与创新地解决问题》的讲座。他强调当前教育对创造力的需要是国家保持经济发展的重大挑战，指出教育目标的四个需要：

（1）从集体获益到个人获益的社会文化转变。

（2）从整体课堂教学到个体学习的教学法转变。

上篇 勤学

（3）从死记硬背地获得知识到利用知识解决问题的课程设计转变。

（4）从独立教学到合作教学（集体备课）的文化转变。

他所提到的这些改变在当前的课程改革浪潮中已悄然进行着，而且很多地方都发生了实实在在的转变。

另外，他还重点指出通过三个问题来解决转变中的挑战。问题一，学生要学什么？这就要求教师修改课程设计，减少知识的直接输出或学生直接获得陈述性知识，而更加强调批判性思维的培养与应用，做到因"材"施教（其中的"材"我理解为两个层面的意思，其一是教材，其二是不同能力与潜质的学生）。通过要求学生用自己已知的知识解决存在的新问题，强调批判性思维和创新地解决问题的能力，从而获得程序性知识，即掌握知识的实际技能。问题二，学生应当如何学习这些批判性的思考技巧？"I do and I understand."这一谚语充分表明，要让学生学会批判性思考技巧，教师必先掌握批判性思考技巧。这一要求大大扩展了教师的教学技能，教师在教学过程中要更好地运用关键路径，即解构—重构—反思—演示。另外，教师还要根据学科、课型和学生的掌握程度决定课堂是采用低阶思维（知识、理解、应用）还是高阶思维（分析、综合、评估）。这些都需要教师不断地学习和实践，也是我未来努力实践和反思的方向。问题三，我们如何得知学生正在以最佳的方式进行学习？这就要求教师及时了解学生在关键路径上的发展，做好每一步的评估，帮助学生分析收集的数据，最终生成终结性研究报告。这些问题都是我们迫切需要解决的课题。

作为教育先行者，具有卓越远见的知名教授Robert Monson还提出："我们的课堂教学要更多地尊重学生，以生为本，规范学生的行为习惯，以学生的发展为终极目标；要更多地强调批判性思维，指导学生运用这些批判性的思考技巧进行学习，更好地突破从死记硬背向创新性解决问题的转变。"Monson教授渊博的知识、先进的理念、独到的见解及具体科学的例子无不令我折服，他引经据典、风趣通俗的传授方式令我终生难忘。

（四）教师的专业发展

无论是Monson教授的讲座《设计教师在职培训计划》，还是我们在纽约市各中小学跟岗学习中与各校校长的互动环节，都提到美国教师专业发展的新理念及实施方案，强调教师专业发展的作用。其实不论美国还是中国，都越来越认识到，学生要学好，教师必须要接受新思想、新实践，进行持续、高质量的专业提升，以改变传统的专业发展模式。

Monson教授提出，教师的在职培训需要关注、掌握和使用批判性思维和解决问题能力的模型，能够识别知识的类型（陈述性与程序性知识），采用不同的教学策略，以促进个人学习而不是整体课堂教学，学习新的方法来评估学生学习成效，学习如何与家长沟通课程及教学变化，等等。其实，教师如何学习就是给学生如何学习树立榜样，所以在设计教师在职培训时应考虑到教师的参与度，并围绕每一位教师学习的需求，如认知方法、社会学习及自我创作学习等来设定学习目标。若出现差异化风格，则通过指示性关系（为需要的人提供指导）、协作性关系（对需要成长的领域通过协商达成共识）或非指示性关系（支持自我评估和成长）对教师的专业发展进行督导。

纵观访学的学校，其校长都表明了教师、管理者和决策者有必要了解专业发展的新理念，有必要拓展专业发展的新思想，给教师提供讨论、思考、试验和施行新实践的机会。比如通过扮演新角色（如教师是研究者）、建立新组织（如问题解决小组）、完成新任务（如制定标准），营造积极开展调查研究的氛围。教师的专业生涯是对教师角色期望的一部分，也是整个学校文化的一部分，因此，专业发展意味着要给教师提供反思的机会，要让他们形成相关内容、教学法和学习者的新观点。

纽约市史岱文森高中女华人校长张洁在《如何管理纽约的特级高中》讲座中，除了阐述她在史岱文森高中的运作管理外，也提到了教师的专业发展计划。校长要帮助教师理解改革观念，保证全员参与，了解教职工关心的问题，归根到底就是促进改革进程。学校为各学科设定了主管副校长或学科主任，其职责是负责分配资源，领导研究，就结果的一致性进行协调。每门学科还有一个小组长，这也给教师提供了领导机会。学科小组每年对学生学业进行分析，评价结果，提供改革计划，设计给学生提供帮助的方法。学生学业的改进是影响教师专业发展的决定因素。

二、跟岗学习，感受美国开放性课堂

（一）开放的课堂教学

1. 热情奔放的校园、走廊文化

踏进美国中小学的校门就能发现校园的每一个角落都是"会说话的墙"，学校不会放过每一个能展示学校、班级、学生的空间和机会，形形色色的奖状、奖杯、学校吉祥物、标志、学生作品等，无论是形状、颜色、材质等都会不断地冲击人的眼球，让人目不暇给，到处都充满了创意和想象，让人感受到这里是学生的世界，是成长的乐园。

2. 开放有序的教室

学校每一间教室的摆设布置都非常个性化，凸显了任课教师的主张和学科的特色。每一间教室都是教师亲手布置的，安排有不同的活动区和学习区，为学生提供了探索与获取知识的各种资源。教室中间是根据课堂教学需要或学生分组随意排放的桌椅，四周有各类书籍、各国国旗、陈列服装的衣帽间、学生项目研究所需的道具和物品等。教室既是学习的场所，也是生活的地方，还是教师的办公场所。

3. 自由宽松的课堂教学

美国中小学的班级学生一般不超过30人。教师在讲课时学生都会认真听讲，别的同学发言时其他人都会认真倾听，讨论问题时也是先听完别人的观点再发言。教室里的学生都是三四个人围桌而坐，教师的活动以小组活动为主。每一项活动，教师很少有示范，而是把规则以书面的形式发给各组，小组成员一起通过阅读和讨论了解该如何做，然后按照各组的理解来完成任务。学生的探索能力很强，他们敢于参与，发表自己的想法，也乐于帮助其他同学。这种通过体验、动手所学到的知识比机械操练来得更深刻易懂。教师的身份就如一位协助者，不断游走在各个小组之间，帮助他们完成活动，或者是一对一解决学生的问题。

4. 自主开发的校本教材

美国没有所谓的"统一教材"，这也是中美教育的不同之处。在美国，每一间教室都配备专门的书柜来放置厚重的"教材"，学生可以自由使用参考，但不能带回家。上课的主要材料，包括讲义和练习，都是教师根据实际需要选编或改编后印发的。在第一周的课堂上，教师会分发课程的介绍和学习的要求，甚至把学好这门课程的个人感受和建议也打印好发给大家。每名学生都有一个课程专用的大文件夹，把所有资料都按照教师要求的顺序整理好，贴上标签，这就是学生的教材了。

5. 开放的作业

深入美国的中小学课堂才发现学生的作业很多，而且门类繁杂，如阅读、做练习、写作、做实验、观察、制网页、查资料、制作展览图片、技能训练、人物专访、写调查或研究报告等。教师会批改作业并把相应成绩记入学生档案。学生从初中起每次考试以及作业成绩都记录在案，作为将来推荐学生上大学的依据。

学生的作业不是课堂的简单重复，而是与生活密切联系。有的题目很大，需要几个星期才能完成。要完成这样的作业，学生需要付出很多努力，有时需要分工合作。有时学生为了完成一项作业不仅要上网、去图书馆，甚至还要到博物馆、纪念馆、展览馆获取材料。虽然作业会耗费大量的时间和精力，但学生在做作业的过程中还是很有趣的，他们在发现和辩证中找到专属自己的答案，而不用去揣摩老师的标准答案。教师评价学生作业也没有统一的标准，他们在乎的是学生是否学会了搜集第一手材料，是否有自己的独到之处，作业是否有内在逻辑性。

（二）多元化的课程设置

美国是一个地方分权制国家，联邦政府不具有管理教育的权限，各地方教育部门有专门人员根据学区学生的需要制定教学大纲供各学校参考。虽然这种地方自治传统深深影响着美国的教育制度，支配着美国学校的培养目标、课程开发、设置和教学方法等各个方面，但其实各州、各校所制定的办学宗旨与培养目标很有共性。学校各年级除了开设基础标准课程，如英语、数学、自然科学等之外，还开设了众多的实用技能课程，这些课程几乎覆盖各行各业，为学生走向社会提供了一定的准备和有力的保障。

选修课很受学校、家长的重视和学生的喜爱，每天下午都有至少一节。学校每学期开设的选修课都会根据教学情况和学生的兴趣爱好等重新调整和设定，课程设置灵活新颖，而且学生所学的技能和知识最后都要进行汇报和成果展示。史岱文森高中就开设了多达28门的选修课。

课外活动更是丰富多彩，如学校成立了男子、女子足球队和篮球队、排球队、棒球队等，定期训练并参加团队间或校际的比赛，几乎每个中小学生都参加了至少一种运动队。音乐会、戏剧表演、板报、历史节、社会实践、校园报社等，学生独创或小组合作的作品都会参加班级、校级、区级、州际以及全国性的比赛。这些灵活多样、贴近实际生活的课程设置切实培养了学生的兴趣和创造能力。我们在与当地教师交流时，各科教师说得最多的两个教学目的是：（1）要学生养成好的学习习惯，条理化；（2）要培养学生对学科的兴趣，多动手，寓教于乐。

（三）人性化的评价机制

美国宽松开放的教育环境为学生的个性发展提供了广阔的空间，教育理念和模式铸就了学生的创造力和想象力。除了课堂教学模式、课程设置和优质师资外，多样性的评价机制也很有美国特色。美国中小学的考核评价以促进学生个性与未来发展为核心，在评价标准、评价方法和评价主体方面表现为多元化。

评价方法上更多地关注学生自身纵向比较，及时鼓励和肯定，重过程、看发展等的评价体制促进了每名学生在不同程度上提高。如美国学生的成绩、名次属个人隐私，教师不得随便对外公开。评价主体由教师、家长与学生共同参与，重视学生自尊心、自信心的培养。班主任每学期预约家长谈话，孩子也同时在场。班主任向家长展示孩子在学校的学业档案袋（装有平时书面作业、手工制作、所获奖励及教师日常对孩子行为的观察记录等），主要讲述孩子的优良表现、发展潜力，家长听得开心，孩子听得自信，在愉快的气氛中共同讨论孩子今后的学习方向、目标与具体行动。

三、对比分析，追寻优化教学灵感

这次的美国教育之旅让我们开阔了眼界，扩展了思路，也看到了美国中小学基础教育与我们的差异。正面分析，优势互补，我结合自己的育人经历谈几点感想。

第一，学会取舍、放手、合作和鼓励，实践项目式教学，培养学生学习的兴趣和自学的能力，让学生乐学、好学。

第二，经常反思自己的教学，因材施教，关注学生感兴趣的话题，乐于帮助各层次的学生，做学生的知心人。

第三，加强学习能力，多做教研，不断更新和完善自己的知识建构和教学技巧，同时要注重跨学科文化知识的储备，力求融会贯通。

第四，更多地思考培养批判性思维。

学习的旅程虽已结束，但对我来说又是一个全新的开始！感谢项目办和美国学校为我们提供了一次学习的机会，我要结合实际，将我在美国看到的、学到的灵活地运用到今后的学习工作中，更好地为教育事业服务。

砥砺前行，执着能赢

省"百千万人才培养工程"初中名师培养第三年集中研修活动开班了！研修期间，我很荣幸地聆听了沈书生、刘晓晴、陆靖、Ted McCain、李希贵等教授专家们的学术报告，加深了我对当前教育改革与发展的认识和理解，激发了我专业发展的内在动力。

本次集中研修活动的核心话题是教师的专业发展。研修内容很有系统性，研修方式以理论讲解为主，同时综合教师的专业实践，高端而又不失接地气。学员们一边聆听，一边对照自己，享受着这次"盛宴"，起到了更新教师教育观念、实质性提高教师专业能力的作用。

一、从实践视角理解教师专业

1. 信息时代的教学变革与实践

信息时代如何更好地开展基础教育？南京师范大学沈书生教授专门为我们解读了这一问题。他从文化的传承到当今的课堂，阐述了教的终极追求不是智慧教育、智慧校园、智慧城市、智慧生活……而是智慧的人，也就是会学习、能交流、有涵养的人。他让我们思考如何让课堂实现教育理想。沈老师从文化、哲学的角度看待信息时代的教育，是服务于实践的、行动的理论，有着深刻的实践关怀和明确的实践导向，有助于解决教育教学的实践性问题。

美国荣誉校长代表Ted McCain为我们展现了学校应有的创新能力和创造力。课程、教学和社会能力是一体的，教育的目标是将学习与学生在校外经历的海量信息联系在一起，教师们必须走下舞台，用国际化视野教授学生，科技必须成为教学过程中一个有意义的工具。他还说科技助力创新课堂，学生必须掌握合作、交流和解决问题的能力，学生应具备自我沟通、人际交往、独立解决问题、相互协作、信息检索、信息沟通、想象与创造力、创新能力和创造力、网络公民意识等九种能力。"变化是生命不变的定律，那些只懂得留恋过去或现在的人肯定将会错失未来。"他引用了John F. Kennedy的一句话结束了演讲，也给了我们许多的思考和反思。

2. 课题研究与教师专业发展

深圳市宝安中学刘晓晴老师通过切身的课题研究经验给我们展现了她和她的团队一路走来的成长历程，印证了课题研究助力教师专业发展的重要作用，带给我一些思考。在科研兴校思想的指导下，近年来，我一直遵循"问题即课题、教学即研究、成长即成果"的研究思路，从教学实践中发现问题、提炼课题、开展研究、解决教学中的困惑等，开展了一系列的课题研究，也带动并指导青年教师参与或开展小课题研究，倡导通过运用科学研究的方法，解决教师教学中面临的实际问题。课题研究不仅改进了我们的课堂教学，也提升了我们的理论水平，助推了教师的专业成长，达到了师生教学相长的效果。

3. 发现和唤醒每一名学生

本次研修学习最后出场的重量级人物——李希贵校长，阐述了北京十一中学全方面开放的学校特色课程及办学理念，学校转型的目的是发现和唤醒每一名学生。李校长说学校的课程目标和课程结构是：第一，定位。让每一名学生清楚自己的跑道，知道自己的真正追求，哪怕是没有学习兴趣的学生也有一段快乐学习的时光，帮助学习不好的学生获取自信，让他们的潜能得到彰显。第二，定力。让学生敢于放弃，学会坚持。通过唤醒，让学生逐渐从学习的低阶升至高层，希望所有的学生都是艺术家。第三，选择。让学生在选择中发现自己的潜能，人的潜能犹如矿产资源，埋得很深，因而学校为每一名学生的学习设计有特色的选修课程，甚至在同一个教室里设计不同学生的学习方式，让学生有不同的选择，还为特需学生提供个别化解决方案。李校长的学校设置了几百种课程，就是为学生的生命成长提供可能的营养与沃土，帮助学生发现自己，让他们走在可以发展的大道上。试想，那个数学能力低的女生，如果没有话剧课程的体验，或许一辈子都会成长在那个自卑的阴影中；那个对电脑痴迷的学生，如果没有学校提供的平台与机会，怎么会废寝忘食地挖掘出信息技术的神奇与奥秘？对人的理解，对人的尊重，对人的发展，对人的成全，李校长一直在践行着。

"当课程、课堂、评价的挑战无处不在时，学生的潜能才可以最大限度被激发。""教学组织方式绝不仅仅是形式，它恰恰能决定学校生态，而只有这样的生态才能造就彼此唤醒、共同发现、自我反思的成长生态。""只有顺应学生天性的教育改革才有生命力，仅仅在教师层面或教学层面发生的改革很难持久。"李校长笃定而真诚的话语蕴含着对教育的思考，传递着做大教育的气度，穿过了我的心灵，叩击着我的心扉。

二、结合教师实践需求促进专业自主发展

本次研修学习每一场讲座都以专家理论培训为主，以导师点拨为辅，结合一线教师的主动性实践培训模式，很好地激发了教师专业发展的内在动力，促进其专业发展。

1. 实践性知识得到应用

学员代表在专家的引领和导师的点拨下一次次地展示自己的实践成果，有信息技术、课题研究、教学风格形成等。学员们把实践性知识构成的实践理论与其专业发展需求结合起来，并在教育教学活动中广泛有效地运用，这是一直以来理论知识培训的可贵之处，让我们看到了自我发展的前景。

2. 在专业发展中发挥主体地位

可以看到，学员的成果是自主性专业发展的结晶。他们以实践性知识为标准，从不同的视角对教育实践中的问题进行剖析，清楚认识自己教学实践问题的本质，深入反思，不断实践，进而形成和发展自己的实践性知识和理论。作为"百千万人才培养工程"的名师培养对象，我们有责任、有动力发挥自身的主观能动性，努力提升和完善自己的专业发展，在教育教学实践中做好示范引领作用。

3. 引导教师开展行动研究

经历过一次次的理论培训和小组跟岗培训，我们通过行动研究对自己的

工作认识已更加深刻，从而进一步提升自己的专业修养。最重要的是，实践研究有助于我们改进自己的工作，提高自己的专业能力。

虽然研修活动已经结束，但我仍在学习的路上，一直在探索，不断突破自我，始终相信"砥砺前行，执着能赢"。

未名湖畔好读书

2016年的春天注定是不平凡的，大学毕业20年后，我有幸跟随江门市第二期名师队伍背起书包走进北京大学的学堂。六天的学习生活，八场高雅博深的精彩讲座，为我打开了一扇扇窗口，我学得乐此不疲，这是我人生经历中最难忘的一次学习体验。北大文化的温润与沉淀涤荡着我的心灵，北大名师的智慧与风采浸润着我的心智，让我更加坚定了当教师的责任感和使命感。我禁不住一次次问自己：做什么样的教师才能适应现代教育的发展？下面浅谈几点自己的感悟。

一、有国际视野

新时期教师需要的不仅是出色的学科能力，还需要广阔的国际视野和开放的教育理念。北大国际战略研究院关贵海教授为我们做的报告《全球政治经济发展趋势与中国的国际战略》通过详细分析政治和经济的全球化，引导教师从全球视角出发认识教育的本质和作用，认识教育的改革和发展。教师只有"开眼看世界"，提高自己的国际化视野，才能让学生从小"胸怀祖国，放眼世界"，自觉地把自己培养成具有国际意识、国际交往能力、国际竞争能力的人才。教师任重而道远，只有更好地引导、教育学生，才能更好地帮助学生树立正确的世界观、人生观和价值观。

二、能传承经典

"一个牢记优秀传统且一代一代传承下去的民族，才是一个有希望的民族。"北大中文系常森教授解读的《国学经典——诗经与传统文化》，让我对国学有了全新的认识。常教授首先梳理了文化的各种含义，以此切入中国文化，通过借鉴外国学者在文化人类学、原始思维等方面的研究成果，清晰地说明现代科学思想对于诠释中国古代文化所带来的后果，并以凿凿有据、合情合理的分析说明中国文化具有自己的特点，说明必须运用中国的思维方式才能真正读懂中国文学作品，领略中国古代文化。文以载道，常教授不仅进行中国文化的赏析，更是升华到人生道德的感悟，让我们意识到优秀传统文化的重要性。教育就是传承，学校是进行优秀传统文化教育的重要阵地，假如教师能提升传统文化素养，把传统文化精髓实实在在地融入教育教学工作中去，相信学生一定能够真正地接受优秀传统文化，领悟传统之美。

三、还教育本源

"我们已经走得太远，以至于忘记了为什么而出发"，不忘初心，我们才能回到教育最本真的状态。课堂不应该只是让学生收获知识、收获分数的地方，更应该是学生提升思想、感受快乐的主阵地。教师不仅是知识的传播者，也是学生成长的守护者和引领者，更是文明的传播者。北京师范大学钱志亮教授给我们讲授的《教育的逻辑起点》，从源头谈人性，站在历史的高度把古今中外的文化教育从源头上分析，评判优缺正误，给人以智慧的启迪和真理的洗礼。钱教授透过现象看本质，语言风趣，入木三分地指出当前各种社会现象的本质，令人茅塞顿开、恍然大悟，也使我们提高政治觉悟和社会洞察力，进而增强教书育人的政治本领。钱教授最后语重心长地指出，国家兴亡，人人有责，努力唤起大众的社会责任感。我们深深地为之折服，也深深地认识到教育工作者要培养学生善的人性，培养其正确的信仰，要勇于担当，走教育兴国的道路！

四、学技术之长

时代在进步，社会在发展，信息技术日新月异，无疑对学校的教育和学生的学习带来革命性的变化，这就要求教师必须不断更新和提高个人的科学素养和信息素养，如此才能适应新时期的教育。北大教育学院赵国栋教授从不同的层面为我们介绍了互联网时代教学信息化的热点问题和微课的产生

上篇 勤学

与发展，细致分析了微课、慕课、翻转课堂和快课的关系与内涵，全面介绍了当前国际教学信息化前沿情况。确实，教育信息化能更好地建立开放、共享、交互和协作的课堂。作为教师，在教育信息化时代，在教育实践中，应该表现出应有的技术素养。首先，要树立现代化教育观念。教师应从传统意义上的知识传授者转变为学习的组织者和协调者，注重培养学生自我学习及获取信息和知识的能力。其次，要有应用现代信息技术的能力。教师应熟练掌握相关的电脑知识和操作技能，了解和学习必需的软件，培养自己设计和制作课件的能力，提高自身的技术水平，促进教学改革，实现教学手段的现代化。

五、持健康身心

身心健康应是每一位教师的追求，教师的身心健康水平比专业知识和教学技能更具重要性。感谢这一次的北大研修活动，让我有机会学习了北京大学人力资本研究所张玮桐教授讲授的《领导者心智模式修炼》。虽然我不太懂法学，但张教授就像一股强大的磁场，让我放下思想、心理的重负，静下心来，聆听自己内心的声音，平衡内心，持续不断地认识和刷新自我心智模式，让我更加了解自己。如果一个人的心没有受过训练，长期下来，内心的频率会被调得越来越快，停不下来；内在的不满足感、烦躁感会越来越强，逐渐失去内心的平衡。原来心智修炼不仅是一项科研活动，更是一种生活方式。教师只有具备良好的心态，才能热爱工作，教书育人。教师要学会自我排解，自我放松，自我调节；学会悦纳职业，悦纳学生，悦纳自己，悦纳他人，悦纳生活，微笑地面对所有的一切。

短暂的培训虽然结束了，但是专家教授留下的宝贵精神财富在我们心中留下了深深的烙印。体会可以记录，但心灵的感受是无法言语的，只有亲身经历才会有认识上的提高。所谓"九层之台，起于累土；千里之行，始于足下"，感谢市教育局安排这一次北大之行，让我们有机会走出去看看外面的世界，走回来看看自己的课堂。在以后的工作中，我们将不断体验、感悟、反思、总结。我相信，改变从此开始。

学习，一直在路上

深秋十月，跨越千里，我再次跟随江门市第四期名师一行来到了北京大学参加研修学习。虽说这是我第二次到北大参训，但学习的热情一点也没退。去年的研修学习激发了我无比强烈的责任感和使命感，这一次我暂时放下工作，清空头脑，力求让自己有更深度的学习和更深刻的思考。感谢市教育局组织及北大继续教育培训学院的精心安排，让我们有幸聆听各位专家教授全方位、多角度的精彩展示，让我们学习了很多，收获了很多，思考了很多……

一、以名家之名，承师者之师

开班仪式上，江门市教育局韦建宁副局长对作为江门市名师培养对象的我们提出了明确的学习目标，要"以名家之名，承师者之师"。无疑，名师不仅是一份荣誉，更多的是一份责任。我们需在工作中不断学习，提升教育的理论与实践能力，守正创新，勇挑重担，还要增强团队的凝聚力，共同协作，勤学乐研，搭建共同成长的平台。

二、与经典同行，悟百家之道

梁启超先生说过，我们的自信是建立在文化传承的基础上。习主席也在讲话中提到文化自信。文化自信是更基础、更广泛、更深厚的自信，这源于我们有着5000多年的中华优秀传统文化，积淀着中华民族最深层的精神追求。在这次学习中，我从多位教授的讲授中深深地被国之经典所感动，从诸

上篇 勤学

子百家到经典诵读再到近现代文学，无不体现了中国文学之经典、中国文化之博大精深。经典、传统、文化代表着中华民族独特的精神标识。作为教师，我们要努力提高自身的文化素养，坚定中华民族传统文化的自信心，更好地引导学生从传统与经典中寻找文化自信，常念家国情怀，诵读国学经典，传承传统文化，培养学生的民族自豪感，创设师生共读氛围，引导学生学会阅读，热爱文化，共同坚守理想信念和文化信念。

三、守正创新，行思并进

本次学习，有一个词对我触动很深，那就是"创新"。科技时代已经到来，创新是推动整个时代进步的力量。未来教育该走向哪一方？是传统还是创新？冷静思考，还是应该记住一句话，那就是"守正能创新"。当我们探讨创新的时候，守正才让创新有了价值。在技术面前，面对教育方法和手段的变革，我们不能忘记教育的初心和教育的本源。作为教师，充分考虑学生内心的要求，使学生的才智得到充分发展，才是这一职业的魅力所在。在谈创新之时，不能忘守正是前提，走对了路，我们的创新才有价值。

四、结　语

这次学习收获颇丰，我在认真学习的同时也在不断反思着自己多年来的做法，正如韦局长所倡导的，让学习成为一种态度，让学习成就一份责任，在工作中不断学习、总结、反思、改善、提升。学习，我一直在路上……

努力追寻教育的真善美

教师用耐心和智慧把学生送至知识的彼岸，而工作室主持人用专业和技能把教师推至教育生涯的另一高度。2018年9月17日，尽管台风"山竹"与肇庆研修之行不期而遇，但工作室主持人与助理一行人还是如期来到肇庆学院中小学教师发展中心进行为期五天的中小学教师培训团队专项研修。

本次研修内容丰富、形式多样，着重以教育的初心与本真、教科研的开展与成果凝练、省级工作室的建设与管理三大模块展开学习，既有专家的精彩讲座、名师指导、学员互动交流，也有深圳市名师工作室实地参观学习，旨在更新工作室团队的专业理念，提升教科研及自我成长的能力，提高工作室管理能力和培训能力。

一、做教育本真

本次研修，我有幸聆听了白教授《还原真理过程，落实学科素养》的专题讲座。三个小时的讲座，说是"还原真理过程"，其用意更多的是让我们懂得作为教师的本领应是备好课、上好课、命好题、（学生）考好试等。教师备课应多做加法，上课应多做减法，以学后检测作为课堂教学的评价。白教授对学科素养的解读让我对该概念的理解从混沌逐渐变得清晰。落实学科核心素养要有真实的学科课程，要落实就要改变。写好教学设计是教师的重心，目的是对教学困难做好预测。只有完善知识结构，加强同行交流、实践反思、专业引领，才能促进教师的专业成长。白教授的精彩演讲使我醍醐灌顶，既有观念上的洗礼，也有理论上的提高；既有知识上的积淀，也有教学技艺的增长，让我能站在新的高度领悟当前的课程教学改革，让我进一步明确今后工作的方向。

二、立善导教研

著名的教育家苏霍姆林斯基说："如果你想让教师的劳动能够给教师带来乐趣，使天天上课不至于变成一种单调乏味的义务，那你就应当引导每一位教师走上从事研究这条幸福的道路上来。"这段朴实的话语揭示了一个深刻的道理：教育科研是教师的幸福之源。引领教师走上幸福的科研之路能够促进教师的专业发展，提升教师的职业价值和人生品位。然而，如何消除教师从事教育科研的思想困惑？如何引领教师走上教育科研的幸福之路？如何使教师真正品尝到科研的幸福与甘甜？教师教育学院的肖起清院长为我们一一解读了科研课题研究中的问题，提出了有针对性的对策，引导我们探索与创新，相信定会结出累累硕果。我回想起自己科研之路一路走来的艰辛历程，内心却流淌着满足和幸福。

三、成仁人之美

"把教育做成一份浪漫的事业"，海南省名师工作室主持人、海口市教研院陈素梅老师做到了，而且做得真实、雅致。她引领工作室团队建设向纵深发展，践行问辩课堂的教学主张，目标明确，思路清晰，成果丰硕。其工作室团建辐射面广、示范性强，为教师的专业成长搭建了广阔的舞台，把教育科研做到了极致，有高度，有深度，更有温度！

本次项目研修还走进了深圳市，来到了省级优秀主持人高红妹、林伟以及冯大学三个名教师工作室，进行实地学习。三位主持人的工作室团建工作可谓风格鲜明、风采各异、独立大气、开放融合、协同共进。这么接地气的实地考察，与大师面对面交流，对我今后的教学教研工作以及工作室带岗研修的开展都有很大的触动。

四、结 语

短暂的研修已经结束，感谢教师发展中心给我们提供学习的平台，我将铭记老师的教导和同学的帮助，并以此激励自己在工作室团建中努力做好本职工作，继续结伴同行，互学互勉，共升共赢。

品味苏派名校，启迪教育人生

为学如掘井，求知贵有恒，学习，我一直在路上。4月21—27日，踏着春天的脚步，2019年广东省中小学幼儿园名教师名校（园）长管理专家工作室主持人团队初中组一行在肇庆学院教师发展中心的精心组织下，走进了如诗如歌的苏州市，展开为期一周的研修之旅。本次研修形式多样，既有专家讲座，又有名校考察；既有前沿的教育资讯，又有团队建设难题和教学改革的破解。一周的培训虽短暂，却是一次自身教育思想理念的革新，我感触良多，受益匪浅。

一、名师荟萃，坐而论道

小巷静静，学院悠悠。走进苏州市教师专业发展中心，我们有幸聆听了唐爱民主任《苏州市教师（校长）专业发展培训的理念与实践》的专题讲座。唐主任为我们系统地讲述了苏州市教师梯队专业发展的现状及培养路径，让我们对工作室队伍建设有了新的启发和思考。

振华中学的唐曜校长为我们做了《以学校的每一天成就每一位师生的本色人生》专题讲座。该校植根历史文化，以文化引领学校发展，以管理汇聚人文师风，以课程构建学校特色，以信息拓宽发展视野，秉承"诚、朴、仁、勇"的校训精神，不断提升建设教育的方法和形式，在潜移默化中培养学生的人文知识、能力方法、价值观念、审美情趣等人生素养。振华中学守正创新、扎实灵动，其业绩成果及经验做法带给我们很多启发和教益。

走进苏州第十中学，我们聆听了周颖校长的专题讲座《为国育才，践

上篇 勤学

行"最中国的教育"》。我非常欣赏周校长在讲座中提到的"最中国的教育"——求人不如求己，追求爱国奋进、实事求是、自强不息的教育精神，立德树人，积极培养学生的创新精神、实践能力和社会责任感。如此的教育理念极大地激发了我当教师的使命感和责任感，深感任重而道远。

这些讲座或深刻，或睿智，或沉稳，或思辨，无不滋润着我的心田。专家校长们以鲜活的实例和丰富的知识内涵以及精湛的理论阐述，处处折射出一种"国之昌盛，系于教育；教之昌盛，系于我师"的责任感，促使我们不断更新教育教学观念，更重要的是使我们从他们身上学到了做教育和做学问的道理。

二、特色办学，传承教育精神

本次研学是我多次学习中收获最丰厚的一次。我们深入苏派名校，感受了百年名校厚重的历史文化，体会到苏派教育的丰厚底蕴，深化了我们对教育的认识，改变陈旧的思想，点燃教育人的理想。

走过振华中学新芽吐嫩、绿树成荫的校道，扑面而来的是百年老校的校训"诚、朴、仁、勇"，该校外宣处余健主任为我们详细解读了校训的由来及内涵意义，让我们看到了振华中学教育模式的与众不同之处。余主任带领我们一行参观校园文化，展现在我们眼前的是一位位耳熟能详的文化名人，如王谢长达、蔡元培、竺可桢、胡适、费孝通等校董和校友。我们深深地被振华中学的校史及其发展所吸引；走过天鹅石、状元石、相云峰、状元第等景致，在一步一景、一楼一诗之间了解到振华中学这所百年老校在传统文化与时代精神的交融中积极探索、努力实践。

苏州市第十六中学——一所已有130年历史的名校，让我们惊叹不已、收获不断。惊叹于与十六中学同成长的百岁银杏，惊叹于十六中学教育的尚善灵动，惊叹于十六中学的人才辈出。于我，即不断反思教学风格的凝练，反思有效教学的掌控，反思课例的探究，反思工作室学习共同体的成长，学而后知不足。

转角，遇见不一样的风景。

苏州第十中学的学习再次冲击了我对苏州的"学校印象"。"最中国的学校"是对苏州十中的最美诠释。校园内古迹众多，清代织造署旧址、西花园、瑞云峰、振华堂、长达图书馆等，伴随众多贤达名士成名，尽显中国文化与中华精神。

三、遇见明师，点亮教育明灯

教师的教育人生没有起点，也没有终点，只有一种状态——在路上。

我们走进苏州市草桥中学校，遇见了名师，更是明师（通明之师）——刑奇志老师让我对教师这一职业的认知有了更通透的理解。刑老师一直践行陶行知老先生"教育为人生"的教育思想，做"三好"老师——培养好习惯，好为人师表，成就好人生。刑老师有如行走的教育百科全书，让在座的老师如沐春风、豁然开朗，驱使我们不断探索美好的教育生活。

江苏省第三批江苏省人民教育家培养对象叶莲芳老师分享了四年培养的心路历程，做了题为"真实的语言课堂"的成长汇报，探寻语言课堂真实性的三大哲理问题。让教无限地接近学，只为更好地还原本真课堂，很是深入心扉，值得我们思考与践行。

四、结　语

"不教而教，不学而学""无用之用，是为大用"。苏派名校的教育理念、科学的课程设计、灵动的学科特色、探究式智慧课堂让同行的教师深深领略到苏州名校的风范，开阔了视野，启迪了智慧。我们看到，每所学校都有自己独特的教育精神，无论是德育课程还是教学课程，都致力推进课程改革，立德树人，着眼于学生思想道德素养的提高、综合实践能力的增强和科学与人文素养的提升。教育的本质不是把篮子装满，而是把灯点亮。未来，我们要践行的不应是单纯地传授知识，而应是"以学校的每一天成就每一个师生的本色人生"。

能参加这样的研学是肇庆学院对我们名师工作室团队成长的关心，更是对我们自身发展及工作室建设寄予希望。"他山之石，可以攻玉"，我们一定要学以致用，抓紧一切有利时机来完善和提升自己。未来的工作、学习之路或许是永无止境而又艰难曲折，但我们愿迎难而上，继续追逐梦想。

努力才是人生的态度

七月中旬的羊城艳阳高照，夏荷芬芳。为进一步提升江门市名师队伍的综合素质和专业层次，更好地发挥示范引领作用，来自江门市各校各学段的50名教师齐聚广东第二师范学院，展开了为期五天的江门市教育"领雁教师"培养项目研修班学习。本次研习对我来说可谓一场"盛宴"，既有理论的高度，也有实践的操作，更有学后的自省，让我重新认识自身专业素养的质度和业绩成果的厚度，收获颇丰。

一、论成长，需明确方向

平生愿做一园丁，终生不忘桃李情。于我，选择了做教师，就是选择了终身学习，做学习型、研究型的教师。"教育的真义是使人幸福，它既是神圣的，也是平凡的。我们要做有思想的行动者。"广州市海珠区教师发展中心的陈兆兴主任如是说。

一个人遇到好教师是人生的幸运，一所学校拥有好教师是学校的光荣。我深刻地感悟到，要做一名优秀的教师，不能把教师仅作为一种职业，而更应该把它作为你的专业，也只有将教师作为你的专业，创造有意义的课堂生活，才能真正成为一名优秀的教师，才能享受教师职业幸福。事实上，成为优秀教师不可能一蹴而就，而需经历长期、复杂的成长与发展，实施自我监控，不断学习，不断实践，不断创新，利用外部资源和条件进行优势积累，提高和更新教育教学素质，逐步形成并发挥敬业精神。因此，成为一名敬业、乐业、专业的教师是我从业的终身目标。此外，我还要借助省级工作室这一平台帮助骨干教师总结教育教学经验，共同探索教育教学规律，进一步提升青年教师的教育教学能力、教研能力，努力发挥示范引领作用。

二、重教研，需研之有道

中小学教师天生就是行动的研究者。教师的专业成长离不开教科研工作的开展和推进。以省级课题的申报与研究为例，广东省教研院黄志红博士在讲座中提出，做教科研需着力课题的研究路径及成效，很是值得我们思考和借鉴。

1. 学会研究设计

好的开始是成功的一半。在我看来，学会研究设计是申报省级课题中最关键的一环。课题研究初始阶段，首要的就是做好课题的建构方案，包括确定要研究的问题、做好有关的文献综述、建立研究框架、初拟行动方案，甚至研究推进过程中的问题修正和行动方案、最终的成果产出等都要在这一环节中做好预设和准备。研究设计围绕研究的总体框架需遵循问题、名称、概念、目标、内容、成果的一致性和目标设计、内容分解、进程规划、成果建构的系统性。课题实施阶段是研究工作的具体展开，一般会按照课题初定方案开展行动研究，并持续反思观察，监控其行动与研判成效，若与原研究方案有差异，或成效不明显，可对研究问题及研究方案进行调整或修正，再确定下一阶段的行动研究。课题研究的第三阶段是系统的升华阶段。在此期间，研究者会对前期所有的行动研究进行评价和反思，形成相应的结论和建议。

2. 学会开发研究工具

课题在研过程中需要做大量的研究资料分析，而资料数据的来源离不开研究工具的辅助作用。一般课题在申报之时会确定大概的研究方法，如文献法、观察法、问卷法、访谈法、实验法等，以及需要具备的研究工具，如信息技术设备、观察量表、记录表、问卷调查、访谈提纲、实验仪器等都要逐一设定和准备。不同的研究阶段需要不同的研究工具，比如做课堂教学的行动研究要根据课堂性质、教师教学、学生学习、课堂氛围等制定不少于四个维度的观察量表，还要制定相应的记录表用以课前课后的研讨，使得课题能科学、有序推进。除了研究工具的开发，还要做好数据的收集和整理，及时形成相应的成果素材。

3. 学会学术写作

扎根于教学实际的教科研是写出好文章的基础和源泉。我们绝不能为写而写，更不能凭空想象。我们写文章的主要目的是记录和交流自己对英语教学的切身体会、鲜明观点和独到思考，而课堂是教师教科研的主阵地。因此，课题实施者要学会分解课题研究内容，可以按照课题名称的内容逻辑来分解，也可以用问题串或问题链来提问题，如为什么、要达成什么、以什么为内容、怎么做、做得怎么样等。依据种种问题，做好文献综述和实施验证，凝练标题，理论与实践相结合，或展示理念，或组装经验，或探索困惑，或反思课堂实录，或剖析案例，这样要形成相关论文就不难了。

三、炼成果，需纵深发展

有些教师一直在教科研的路上奔跑，却忘了当初为什么要出发。真正的研究应是既开"花"又结"果"，这样才能彰显我们做研究的价值。参加本次集中研修的"领雁教师"培养对象都在自己平凡的工作岗位上干出了一定的成绩和业绩，在区域学校有一定的影响力，但如何把教师的努力凝练成示范性成果，更好地服务和辐射于其他教师，这是目前最困扰的问题。

广州市增城教育局教研室刘洪义老师在专题讲座《基于实践提升的教学成果凝练之路》中为我们指明了研习写作的技巧和教学成果凝练的路径。他提出，教学成果要基于理论，源于课堂实践和项目实践，不断凝练提升。我们从刘老师对一个个案例的分析和解读中认识到：成果是做出来的，研究要在问题的根本处着力，做基于实践者角色的适合研究，并贵在坚持，让理论与实践良性对接，努力创造故事，创造研究的精彩；成果是"炼"出来的，所以成果立意要宽，包容丰富的内涵，适时借势和借力，辐射影响力；成果也是"述"出来的。这对于需深化自我觉知的我们来说可谓一场及时雨！刘老师的阐述高屋建瓴，既有理论高度又具引领和实践性，让我重新回归到本次研习的起点——学会研究。我将结合自己主持的省级在研课题，反思课题的实践过程，积极寻找亮点，理顺拐角点，力争早日完成结项，早出研究成果。

四、结　语

路虽远，行则至；事虽难，做则成。相信"勇者无惧，行者无疆"，我们定不忘初心，扬帆前行。非常感谢江门市教育局组织了这次"领雁教师"培养项目，让团队教师团结起来，互相帮扶，重新认识自我，反思自我，结合自己的短板，思量再出发！

"领雁"和"九七"一起阳光

　　我们都是追梦人，一直在努力奔跑！怀揣梦想，2019年11月4日至8日，在广东省第二师范学院和江门市教育局的精心组织下，江门市教育"领雁教师"培养对象一行40多人开启了省内跟岗学习的圆梦之旅。本次跟岗分为小学组和中学组两个小分队，我们中学组走进了广州市第九十七中学，走近了教育专家林黎华校长。下面就回顾一下我们的所见、所闻与所思。

一、所见，遇见不一样的校园文化

　　广州市第九十七中学是一所特色鲜明、美誉度高的完全中学。踏进九十七中高中部的校门，迎面而来的是书门，跨过书门，便是标志性雕塑"水滴石穿"。学校虽然不大，但布局相当雅致，文化气息浓厚，无论是墙壁文化、楼梯文化还是教室文化，目之所及都体现出一种潜移默化的教育元素，让我们感受到九十七中独特的校园文化氛围。

　　该校办学理念、办学目标非常明确。其办学理念"为学生的健康人生奠基"指的是学校坚持以人为本和和谐发展，培养学生拥有健康的体魄、良好的心理调适能力、社会适应能力、高尚的道德品质，为一生的可持续发展打下良好的基础。其办学目标是"构建生态型学校，培养阳光青少年"。生态型学校充分体现整体性、生命性、开放性和共生性的办学特点，包括环境生态、德育生态、课程生态、课堂生态四个维度的建设。学校通过特色课程和社团建设落实"爱、健、勤、实"的校训，致力于培养阳光学子，积极打造"阳光教育"品牌。其中，该校以"阳光七色"为系列，培养并评选具有阳光心理品质、全面发展的阳光青少年，开展"97阳光之星"系列评选活动，让阳光青少年的培养贯穿于学校的教育活动之中，取得了很好的教育效果。能把办学目标真正融入校园文化、德育构建、课程设计和课堂教学中来是让我们非常震撼的事情，也是最值得我们学习、思考、借鉴的地方。九十七中处处渗透着教育核心，最是无声胜有声。在对九十七中深入了解之后，我们深刻体会到了该校"生态文化、阳光教育"的真谛。

二、所闻，邂逅不一样的教育思想

"作为一名现代女性，必须阳光工作、智慧生活，才能采撷幸福。"走近广州市名校长、广东省名教师工作室主持人、极具教育情怀和教育理想的林黎华校长，她开口第一句话就收获了一批粉丝。看似轻描淡写的"阳光工作，智慧生活"，恰恰体现了林校长的工作态度，更体现了林校长的教育思想。是的，要能辩证地看待生活与工作的关系，掌握系统优化的方法来统筹一切，要用智慧的眼光享受生活，以阳光的心态做好工作，坚信成功一定有办法。

1. 以阳光之心，育阳光之人

九十七中陈娟主任带领的研究团队积极倡导"阳光教育"，引导师生树立阳光的人生态度，培养自信乐观、接纳宽容、坚毅向上的阳光青少年。吴智杰副主任从多方面详细阐述了自己在教育教学中如何阳光勤勉地工作，如何认真落实学校的办学目标、办学理念，如何在学校的发展中成就自己，让我们看到了一位有教育情怀、有教育梦想的青年教师的成长过程，带给我们深刻的思考与启示。林校长围绕学生核心素养和教师自我修炼等角度，从哲学、生物学、文化学等层面解释了教师的人生是自我修炼、观念更新、专业成长、适应新时期立德树人的过程。由此让我们深刻地领会到，要成为一位名师，就要学习蜕变、自我修炼、改革创新，学会"阳光工作，智慧生活"。同时，也让我们聚焦项目式教学，让学习主动、深度、持续发生，在今后教学工作中更好地理解与落实核心素养。

2. 特色课程，和谐共生

九十七中的教育就是在一个生态型的学校里培养懂得管理自己情绪、时刻保持阳光心态、对学习充满兴趣、有良好习惯、有强烈求知欲望、有服务社会意识、有进取人生观、有适应环境能力、懂得建立和谐人际关系的"97阳光少年"。九十七中结合中学生的个性特长开发出符合学生的丰富的特色课程。优秀的创客团队、好玩的创作课堂、富有创意的学生作品等，将丰富的学生活动纳入课程，像体艺21、阳光生涯规划、科艺节、社团、九七大讲堂等，哪怕是随堂一节语文课，都颇具"生态"味道。九十七中深知学生成长过程的珍贵，不遗余力地搭建生态课程体系，培养学生的学习能力，重视学生综合素质的全面提高。"生态学校、阳光教育"尽显在学校的每一个角落，尽显在每一节课堂。

3. 阳光德育，生态九七

"阳光德育"就是用阳光之心育阳光之人的教育，是面向全体的全面、全程的教育，要求学校、老师、家长和社区用生命培育生命，用爱心点燃爱心，用温暖传递温暖，用尊重播撒尊重，用智慧启迪智慧，用激励引领激励，使学生成为自信乐观、接纳宽容、坚毅向上的一代新人。朱劲敏副校长围绕"阳光与生态"的德育专题，从理念引领、营造阳光环境、开展阳光活动、创造阳光校园、评选阳光人物、成立发展中心、建立和谐关系等方面毫不保留地与我们分享了九十七中的德育文化，使我们深刻地感受到：学校施行大气德育，学生才会有心怀天下的心胸；学校施行品位德育，学生才会有文明优雅的举止；学校施行精品德育，学生才会有关注细节的习惯。"阳光德育"不仅仅是一种教育理念，还是一种教育模式，是一种融德于智、德智一体、德智互动的教育模式，这是一种看似简单却不容易达成的目标，也是九十七中德育发展努力实现的愿景。

三、所思，追寻不一样的教育人生

习近平总书记指出，教育的根本任务是立德树人，学校要培养德、智、体、美全面发展的社会主义建设者和接班人。通过参观和聆听学校领导的介绍，我们感受到了九十七中鲜明的办学特色、丰厚的文化教育、先进的办学理念以及科学的管理经验，这些都值得我们学习借鉴。特色学校建设是一个永恒的话题，我们定将所学所得应用到学校实际工作中，注重内练强功、外塑形象，为学校特色品牌创建出谋策划，为教师专业成长助力引航，为学生终身健康发展奠基。

这次跟岗学习，我们收获满满。感谢广州市第九十七中学的林黎华校长和她的工作室团队给了我们这么好的学习平台和无私的指导，感恩广东省第二师范学院和江门市教育局给了我们这么好的学习机会，让我们在跟岗中学习，在体验中成长，既提升了认识，拓宽了思路，也为我们今后的教学工作指明了方向。愿每一位教育工作者不止授业、解惑，更能播撒阳光、积极的人生态度！

中 篇

善 思

我的教师个人发展规划

"光景不待人，须臾发成丝。"不知不觉，我已走进教师生涯的第十七个年头，一路飞奔，一路痴迷，一路收获，与学生一起成长，默默践行着自己的理想。"学高为师，德高为范。"我深知只有自己的素质提高了，学科知识拓展了，专业技能强化了，才能更好地引导学生。因此，结合"百千万人才培养工程"研修的计划，我制定了个人的发展规划，为自己未来的发展指明方向。

一、自我发展状况分析

（一）自身职业现状

1. 学科与课堂教学

我是一名来自城乡接合部初中学校的英语教师。作为一名基层教师，认真、勤勉、灵动是我工作生活的主旋律。我热爱本职工作，勤学好钻，善于接受新事物，面对新的挑战从不畏惧，时刻怀揣一份期待、一份欣喜。经过多年的教育教学锤炼，我已经系统、熟练地掌握了英语学科的基础理论和专业知识，掌握了现代化的教学手段和教育技巧，能胜任中学各年级的英语教学工作。在教学过程中，我积极参与课堂教学改革，处理好传授知识和培养能力的关系，注重学生的发展，创设丰富的教学方式，激活教材，经常收集生活热点、焦点素材，合理恰当地运用到自己的课堂教学中，引导学生认知、质疑、调查、探究，在合作、互动中学习，灵动、和谐、有趣的教学风格深受学生的喜爱。随着各项育人工作的推进，我从内心热爱教师这个职业，更懂得一名优秀教师应具备的素质，即职业的使命感、高度的责任感、智慧的成熟性和坚定的道德观。

2. 学生管理（班级建设）

多年的班主任工作和级长工作使我充分认识到，对学生深入细致地了解，抓住一些不利因素的苗头，防患于未然，是班级管理获得成功的首要条件；关心爱护学生，感情投资，使学生敞开心扉，是班级工作顺利进行的必要条件。工作中，我面向全体学生，深入细致，关心、爱护、尊重每一名学生，并用鼓励和发展的眼光看待学生。无论是学优生还是学困生，我一视同仁，做学生的贴心人和知心朋友，并经常与家长联系沟通。我的付出受到家长的一致认可。此外，我还十分注重班干部队伍的建设，所任教学班的班干部工作能力很强，在同学中享有很高的威信。在培养学优生的同时，我更重视对学困生的教育转化工作，关注他们的点滴进步，及时表扬，从不放弃对这部分学生的教育和辅导，让他们慢慢认识到自己的不足和老师的良苦用心。我相信付出总会有收获，只有热爱学生，尊重学生，理解学生，构建和谐的师生关系，才能真正做到"启智导行，和谐共进"。

3. 教育科研

多年的教学实践，尤其是新课程实施以来，我认真刻苦地学习新的教学理念和新的教学模式，勇于探索，不断更新教学方法。平时注重了解本学科教育教学发展的新动态，积极参加市、区教研室组织的教研活动，不断追踪教育科研信息，借鉴别人的成功经验，提高自己的教学研究能力。多年来，我坚持上公开课或观摩课、撰写教学论文或教学设计等，也感谢学校的课题伴我一起成长。从2004年学校的第一个德育课题研究开始，到如今的第五个课题，我经历了课题科研的懵懂期到逐步适应期，从参与到主持课题，从一无所知到有序开展课题，一路走来，我辛苦并快乐着，也收获丰盈。同时我又是一个工作负责的人，做任何事都认认真真、踏踏实实，从班主任到年级组长到教导处主任，我都尽自己的最大能力把工作处理得当，让同人满意，让领导放心。

（二）自身素质特点反思

参加工作以来，我一直忙碌地工作着，从没想过要评价一下自己的专业发展水平。本以为自己是一名有经验的教师，每天兢兢业业地工作，忙着备课、讲课、批改作业、参加教研活动、组织各项活动，忙碌而充实，但经过"百千万人才培养工程"第一期集中研修学习和小组跟岗学习后才发现自己还有很多的不足，还有很多需要改善的地方。

1. 从知识状况的角度分析

虽然我自认英语学科知识还是比较系统、全面和扎实的，也能适当延伸和拓展，但缺乏广阔的知识文化视野、科学素养和人文素养，自我学习还没到位，在教学研究上缺少科学的理论知识，平时阅读专业发展方面的书籍较少，而且阅读也只是停留在表面的理解，学习深度不够，也缺少拓展反思。阅读上的"偏科"造成了我理论功底不扎实，缺乏理论积淀，使自己的专题研究大多停留在实践层面，无法提升到理论层面，没有深刻思考过自己的专业成长。未来，希望自己在繁重的工作之余能多挤出一些时间阅读，多走出学校体验别人的教学特色，让自己的教学充满灵性，让课堂灵动起来。

2. 从能力状况的角度分析

目前，我的课堂教学基本技能较好，组织教学活动能力尚可，但放手不够，从而影响部分学生主体性的发挥。近年来，对于自己的教育教学实践和周围的教育现象，我有了比较强的反思意识，也开始分析和研究教育教学中存在的一些问题，总觉得思想不够解放，改革意识不足，深感自我更新拓展的能力不强，如对教材的开发和再利用力度不够等。另外，以工作代替学习，总是为了教导处的事务、学生的分数而奔波。随着时间的流逝和身心的疲惫，也带来了我思想上的惰性，平时读书较少，对教育名家及名著的了解不多，不能很好借鉴、运用一些名家的教法及观点解释教育现象，未能及时抓住教学灵感写出高质量的教育随笔。虽有多篇论文、教学设计等获奖或发表，但质量水平不是很高。在教育科研方面，我虽然一直在参与和实践课题，但欠缺一定的科研理论和探讨研究的创新性，科研能力也有待加强。

3. 从个性特点的角度分析

我性格开朗外向，喜欢自己，也容易接纳别人，善于接受新鲜的事物，乐于与别人分享快乐的事情，为人随和协作，喜欢唱歌、旅游，也积极参加各种体育活动，这些生活经历有利于我在教学中营造"灵动有趣、启智导行"的风格。在课堂教学中，我常常不拘于教材上有限的知识点，把音乐、视频以及旅游时的经历、照片、趣闻等带到课堂上，尽可能根据学生的能力让他们最大限度地接受知识，拓展他们的视野。与学生相处时，我以自身的品德影响学生，发展学生的个性，求新，求活，求美，让学生逐步形成个人的基本修养。一届又一届，过去的学生都成了我的朋友。日后，我仍会以"孩子王"的个性与我的学生一起成长，让他们以乐观、积极、向上的态度面对自己的学习和未来。

总的来说，我有强烈的责任心、事业心和工作热情，为人师表，与学生和谐相处，亦师亦友；坦诚热情，有团队协作精神；与时俱进，较好地完成教育教学及所兼任的每项工作，教学方法多样，互动灵动，贴近生活；勤学好钻，教育教研方面虽然取得一定的成绩，但改革意识不足，在教学研究中总结的能力有待加强，教学实践与教学研究相结合的工作还需进一步落实，虽从事英语教学多年，但尚未形成独特的教学风格；性格率直，有时也有些急躁。

（三）成长环境分析

1. 社会环境

随着素质教育的深化、新课程理念的不断提升，对教师的理论素养、个人素质及教育教学观念提出了更高、更新的要求。新课程的实施强烈地冲击着传统的教学模式，教师的角色和作用都发生了变化。学生无疑是课堂的主体，教师则由训导者、管理者变成了引路人、合作者和服务者。教学不再只是传递和接受课程的过程，而是课程创建与开发的过程。为了适应新时期的要求，我要与新课改同行，适应新课程的要求，更新观念，转变角色，不断学习、更新和扩充新的专业知识，掌握在新的环境中进行教育教学的规律及运用现代化手段的技能，在实践中不断探究、积累，促进自身的专业化发展。因此，终身学习将是我教师职业生涯的必经之路。

2. 学校环境及发展机会

我校是坐落于蓬江河畔的一所市一级初中学校，有四十多年的历史。生源主要是周边城乡接合部和外来务工人员的子女，存在较多的不稳定因素。大部分教师都是大学毕业分配到学校后一直工作至今，教龄长，资格老。基于学生基础薄弱及教师老龄化等因素，学校仍需下大功夫，从优化师资环境入手，促进教师自主发展，如倡导敬业、乐业、专业的师德风范，规范、落实各项常规制度，坚持每周开展科组（备课组）的教研活动，为青年教师搭

中篇

善思

建成长的舞台，建立名师工作室，大力支持各类课题的开展，鼓励青年教师多出成绩，等等。这些做法都有利于调动教师工作的积极性，营造和谐的教学环境。

由于长期工作在教学第一线，我能及时积累教育教学工作中的成败经验，这给我教学水平的提高创造了良好的条件；通过竞岗，我担任教导处副主任，身上的压力也成为我发展的动力，我将与其他教师团结协作，做好教学教研工作，树立服务意识，工作的过程也是我成长的过程；由于我积极参与各类教研活动，在各类评比、竞赛中获得良好成绩，使我有更多的机会参与教学改革和教学研究；课题的参与使我在新课程开发探索中具有一定的优势；名师工作室的主持工作让我有了更多的学习资源和动力，除了向书本学习，我还向有经验的教师学习，向名师学习；学校提供的各级培训，我都把握机会，积极参与，这些"请进来、走出去"的学习要求使我在今后的成长中有更大的发展空间。

3. 家庭环境

从小我的家庭氛围就很好，这也培养了我乐观、积极、向上的性格，父母勤劳朴实的品质深深地影响着我，也练就了我工作上的刻苦与勤奋、团结与合作。我能拥有健康的体魄、良好的道德素养与父母的悉心养育是分不开的。我现在的家庭也是幸福、和谐的。我先生工作也很忙，但他对孩子的付出让我有了更多的时间和空间来做好工作上的事情，也让我能顺利完成每一次的研修学习。

（四）成长历程的反思

教师专业发展不仅是专业素养得以更新和完善的过程，也是专业实践知识累积与构筑的过程。通过对自身专业成长历程的梳理与剖析，可以挖掘、反思发展过程中看似零散却弥足珍贵的实践性知识，对找准专业发展的方向与方法具有重要的意义。

1. 立志当教师

很小的时候，我的理想就是当一名教师，高考填报志愿也只填写了师范院校，因为喜欢教师这一职业，我大学里的专业成绩都非常优秀。

2. 毕业后成为教师

大学毕业后，我在十一中任教至今，热爱学生，热爱教学，喜欢和学生打成一片，很快便熟悉了英语教学工作。凭着娴熟的技能、技巧和认真的教学态度，我主动参与各种公开课比赛。工作后的第三年，我代表学校上了一节市级的公开课，来自市区各学校的40多位教师参与了听课、评课，教学效果获得一致好评。虽然有时工作很累，但我得到了很多锻炼的机会，成为学校的一名教学能手。

3. 通过努力，我成为骨干教师

我对英语教学一直怀有很大的热情，教学深受学生和家长的喜爱。工作后的第八年，我已经成为学校的一名骨干教师，开始担任实验班的教学和班主任工作。多年来，我任教的班级育人效果得到学生、家长、同事的一致认可。

4. 竞岗后，我成为教导处副主任

2008年，学校第一次进行中层竞岗，一个很偶然的原因让我走上竞岗台，成为教导处副主任。这一角色的转换让我站到了新的高度审视自己的教学。除了做好自己的教学工作，我还担负带领全校做科研、教务精细化管理的任务。我深感教师成长的环境和同事之间的合作是多么重要并有必要，只有竞争而没有合作的环境会极大地阻碍教师的专业发展，因此，我毫不保留地与各科组教师分享自己的教学经验，愉快合作。随着听课、评课的深入开展，我也从中发现了许多同事在教学上的优点，并不断在自己的教学中学习和改进。我珍惜每一次的学习机会，参加了各种教学研讨会，从而更好地了解最新的教育政策、教学理念，并积累了丰富的教学教研管理经验。

5. 如今，成了"百千万人才培养工程"培养对象

作为"百千万人才培养工程"培养对象的一员，当接触了我们的同学、导师团队后，才发现自己真是"井底之蛙"，所积累的教学经验是那么单一、滞后，教育教学教研理论知识也长期"营养不良"。但我是一个不满足于现状的人，虽然我专业成长的生存与发展环境不是很优越，但我具有学习的动力，既然有这么好的学习环境和团队，我没理由不好好学习，无论结果如何，我都敢于挑战，乐观面对！

二、他人对自己的评价

"当局者迷，旁观者清"，别人对我的看法就像一面镜子，能让我看到自己在别人心目中的形象，从而认识自己，更全面、深刻地了解自己，

中篇 善思

这对改进我的教学、促进自我专业发展具有重要的意义。以下是大家对我的评价。

1. 区教研员的评价

办事效率高，处理事情细致周到。教材处理得当，体现新课程标准的理念，关注学生学习英语的思想方法、行为方式和情感价值观念的发展。在课堂中结合学生的实际生活，进行学科思想渗透和学法指导，给学生以启迪与思考。教研能力较强。

2. 科组教师的评价

科组里的主心骨，团结合作，敢于改革创新，带领科组教师完成了两个国家级英语课题的研究。上课时教学目标与内容明确，教学环节紧凑，详略得当，善于启发学生思维，注重学生智力、能力的培养，教学效果良好。

3. 年级同行的评价

与科任教师紧密合作，方法得当，效果显著，所任教班级班风正、学风浓。学生具有明确的奋斗目标、较高的文明素养、良好的学习习惯、有效的学习方法，素质全面发展。

4. 学校及主管领导的评价

孜孜不倦，教人不诲。无论是德育、教学还是教研，都能独当一面。在教学过程中善于创设教学环境，运用现代化教育手段组织教学，条理清晰，内容充实。工作富于热情，长于思考，勇于承担课题研究，是一名有思想、有方法、教书育人的优秀教师。

5. 学生的评价

幽默、睿智、随和，有亲和力。课堂精讲精练，因材施教，师生关系平等和谐，总是鼓励学生，课堂没压力，平时都喜欢上英语课。

三、个人的专业发展目标

（一）长期发展目标

树立终身学习的理念，增强理论底蕴和文化素养，做好教育教学工作，逐步形成个人"教学相长，灵动互动，启智导行，平等和谐"的教学风格，努力使自己成为具有高尚的职业道德、扎实的专业知识、教学水平较高、有一定科研能力的英语教师。

（二）三年发展目标

1. 教育方面：启智导行，平等和谐

把学生的做人教育放在首位，着眼于学生的长远发展，全面了解学生，正确评价学生，用真诚、真理和智慧引导学生学会学习，学会感悟，学会尊重，崇尚自由，用良好的师德影响学生，创造和谐健康的人际环境和融洽的师生关系，使自己成为学生的良师益友。向优秀班主任学习，以人为本，采用适合当今学生发展的教育教学方法，构建生动、活泼、有序的课堂。

2. 教学方面：教学相长，灵动互动

确信在教会学生的同时自己也能不断进步。我将进一步熟悉教材，深化课改，研读"纲要"，付诸实践，学习如何"教得巧、教得妙"，实现师生互动、生生互动、人境互动，使课堂教学充满活力。重视学生综合能力的训练和学习习惯的培养，提高英语课堂教学效率。向优秀教师学经验，与名师结对学实践，教学相长，努力使自己的教育教学水平再上一个新台阶。自觉学习专业化知识，提高专业化技能，成为适应教育改革和学校发展需要的优秀教师。

3. 教科研方面：勤于学习，注重反思

加强教育教学理论的学习，使自己在阅读量和阅读面上有所突破，能主动阅读有关的教学杂志和教育专著，认真做好读书笔记。对自己的教学活动及时反思，积累经验，做到教研与科研相结合，独立设计科研课题，实施研究，将课题研究的思想渗透到教育教学中，并落实在课堂上。积极参加各种专业培训或讲座学习活动，认真撰写日记和论文。学会思考教育问题，积极把先进的教育理念转化为教师的行为，从反思中提升教学研究水平，在总结经验中完善自我。

4. 其他方面：团结协作，和谐发展

提升自身的人文素养，用人格魅力和人文素养影响学生，注重自身创新精神和实践能力、情感、态度与价值观的发展。与同伴团结协作，主动关心他人，做好青年教师的培养工作，树立服务意识，做好领导和教师之间的桥梁角色，促进学校与教师关系的良好发展。与时俱进，有独特的人生追求，使自己幸福地走在教育之路上。

中篇 善思

四、个人行动策略

1. 学习理论，充实知识，树立终身学习理念

通读教育理论著作，不断加强教育教学理论知识学习，坚持每天读书一个小时以上，勤写读书笔记，撰写读书心得。每学期研读1—2本教育理论专著和教育法规、课程改革书籍，广泛阅读教育教学杂志，及时了解新的教育教学理念，充实自己的教育理论储备，不断构建、丰富自己的知识结构。通过学习教育教学的理论知识，力争将理论知识与实践经验相结合，努力形成自己的教育思想和方向。

（1）通过个人博客发表研修日志，记录研习过程和成长历程中的心得体会，实现与学员之间的互动，分享各类优质的教育与学习资源。

（2）每学年撰写一篇教育经典书籍的读后感或教育思想研习的体验与反思。

（3）认真撰写每学年的年度研修经验总结与个人发展状况报告。

2. 以人为本，灵动互动，提升教育教学实践能力

树立现代学生观，以发展的眼光看待每一名学生。相信学生的巨大潜能，努力探索发掘，在教育教学活动中发扬学生的主体精神，促进学生的主体发展，努力做到因材施教。关注学生的自身认知，走进学生的世界，结合学生的实际情况进行思想教育，帮助他们树立正确的学习态度，激发他们的学习动力和热情。此外，还要积极学习先进的班级管理理念，注重自身的修养，发挥榜样潜移默化的作用。

教师在课堂上有感染力才能触发学生的"学习键"，才能上好每一堂课。所以，我要加强自身教学风格的凝练，追求巧妙的教学方法，对教学内容的处理重点突出、主次排列有序、取舍详略恰当，让教学设计符合学生的实际；进一步落实生活化、情境化的课堂教学，善于引导、点拨、启发，巧置悬念，唤起想象，诱发兴趣；不断加强自己教学语言的锤炼修养，吸引学生的注意力，感染学生的情绪；还要加强师生交流，带着学生学习、互动，充分体现学生的主体作用，尽量让每名学生都能收获一点点、进步一点点；每节课后，把自己在教学实践中发现的问题和有价值的东西记下来，写成日志，享受成功，弥补不足；在教与学的过程中不断成长，多听取别人的意见，使自己的教学之路越走越宽。

（1）撰写德育论文，提升德育管理能力。

（2）勤听课、评课，博采众长，在共同探索中共同进步。

（3）观看名家课堂教学实录，研读名师课堂教学案例，撰写个人教学案例。

（4）拜名师学艺，在实践中总结教育教学经验。

3. 深入钻研，理性总结，提升教科研能力

（1）在教科研实践中，将学科知识和教育理论素养相结合，通过教学实践整合自己的专业知识。经常反思日常教育教学中遇到的问题，随时记录教学中的感想和学生的创新片段，撰写能反映和提高自己的教学日志或教学反思，以提高自己对教育教学的反思能力。

① 争取每学年都有1—2篇教学论文参评、发表。

② 在全区、市范围内至少上一次公开课，至少做一次教学方面的讲座。

③ 参与国内外的考察和学习，撰写学习考察报告。

（2）在教科研方面有突破，以学校创建市级信息化示范学校为契机，积极开展拟定课题《信息化环境下初中学科高效课堂教学的策略研究》的研究。在课题研究的带动下，不断进行改革课堂教学的实践和反思，引导学校的各个学科在信息化环境中进行高效课堂教学的探索，对相关资料进行收集和整理，撰写论文，在研究中扩展自己的专业知识和能力。

① 开展拟定课题《信息化环境下初中学科高效课堂教学的策略研究》。

② 开展学科子课题《信息化环境下初中英语高效课堂教学的策略研究》。

③ 撰写与课题相关的论文。

（3）为了实现个人发展规划的目标，积极参与课程改革和课程开发，指导青年教师进行理论学习与教育教学的深入反思和总结，做出显著的教育教学成果。积极参与各类教研活动，如校际交流、专家讲座、集体备课等，积累经验，拓宽自己的教学教研思路。

① 继续开展学校名师工作室的各项活动，争取今年内完成第一批名师对象的培养。

② 开展学校师徒结对工程，做好青年教师的指导培养工作。

③ 参与校本课程的开发、研究、利用。

　　成功是明天的事，今天的我还在路上。在今后的专业发展中，我将不断学习和反思，通过转变观念和积极实践，促进自身的不断成长，走专业化发展道路，从而更好地服务于我的学生、我的学校。"路漫漫其修远兮，吾将上下而求索。"

教无风格，何以立教

　　记得"百千万人才培养工程"第一期集中学习的最后一天，闫德明教授给我们做了比较简短却又非常必要的名师解读。他指出，"名师"不在乎"名"，而在乎"明"。如何成为一位名师？要多读书，读理论书，要把厚书读薄。真正的优秀教师必须具备三个板块的知识结构：精深的专业知识、开阔的人文视野和深厚的教育理论功底。短短几句话让我明白了当名师的深层意义，名师也是我一路追寻的目标。为了成为真正的优秀教师，我开始了我的读书之旅，再忙再累，我也要挤出时间来多读书，阅读教育书籍，浏览名师、教育家的博客名篇，结合自己的实际，反思走过的教学之路，确实受益匪浅。

　　第一次拜读闫德明教授的《如何形成教学风格》系列书籍是今年7月参加高端研修学习期间，学习间隙把书读了一遍。第二次阅读是为了更好地完成《我的教学风格》的撰写，我很仔细地阅读了这两本书，但吸引我的不是模板格式，而是书中的一个个案例，仿佛是各路名师名家在为我指点迷津，活灵活现地为我展示着一堂又一堂精彩的示范课，尤其是英语学科和其他文科，我在他们的案例里寻找自己的影子：这一个教学手段我曾经使用过，那一个教学方法我也可以试试，原来很多的教学细节还可以这样来处理……我的"风格作业"也因此顺利完成。但我还要阅读第三遍，因为作者闫德明教授在书中表述的理论简单明晰，见解独到，案例风格独特实用，很有借鉴学习之处。我还要理论联系实际，不断研究自我，丰富自我，完善自我，逐步形成自己的教学风格。

中篇　善思

一、教无风格，何以立教

1. 教学风格与学生个性成长

"教无风格，何以立教"，书中导语的标题让我很受启发。在实际教学中，不同个性的教师能够培养出不同个性的学生，教学风格的独特性和多样性使得教学艺术也五彩缤纷、各具风姿。苏霍姆林斯基在其《和青年校长的谈话》一书中写道："在教育科学研究中，有许多问题吸引着我，其中一个主要问题则是教师的个性问题。""一个精神丰富、道德高尚的教师，才能尊重和陶冶自己学生的个性，而一个无任何个性特色的教师，他培养的学生也不会有任何特色。"因此，教师的教学风格一旦和学生的个性培养联系起来，就显示出其不可忽略、不可替代的价值和作用。教学的成败不仅在于教师的专业知识和教学技巧，还在于教师的人际关系、情感态度。学生的个性深受教师个性的影响，使学生发现自我、成就自我、塑造个性、优化发展也是教学风格、教育价值的体现。因此，教师在思考自己形成什么样的教学风格的同时应当以学生的个性为基础，尊重和促进学生的个性发展，用自己的个性影响学生的个性，用自己的心灵润泽学生的心灵，用体现自己个性特色的教学风格在潜移默化中促进学生个性的健康发展。

2. 教学风格与教师专业化发展

教学风格的形成与教师专业化的发展有着密切的联系。教学风格犹如教师专业成长的方向标，没有形成一定的教学风格，教学就没有主心骨。所谓教学风格，是指教师在长期教育教学实践中逐步形成的、富有成效的、一贯的教学观点、教学技巧和教学作风的独特结合和表现，是教学艺术个性化稳定状态的标志。根据这一定义可知，教学风格的构成因素主要包括教师一贯的教育教学观点，激发学生主动学习、主动发展的教学方法和技巧，富有成效的教学过程设计，独具个人特色的教学语言和教学作风等。要形成自己的教学风格，就要使自己的教学具备和体现这些因素，而这些因素都离不开教师的专业化。教师的专业化成长不是单纯地为了学历达标或社会性需要进行必要的学科进修或公共课学习，而是个体成长的历程，是教师不断接受新知识、增长专业能力的过程。教师要抓住机遇，利用一切可利用的机会加强学习，在教学中坚持理论探索、与时俱进，打破学科界限，增强教育智慧，提高教师素质，这样才能促进教师专业技能的提高。风格的形成也不是一朝一夕的，往往要经历不断学习与批判、不断实践与反思、不断建构与解构的过程，这样才得以充实完善。教师通过宽松自由的教学环境和个人的积极努力，不断学习实践，尽量挖掘自身优势，逐步走上个性化教学的道路。教师教学风格的培养，除了自身的因素，还需要外部的土壤，若能融会百家，自成一家，则能更快、更好地形成独特的教学风格。

二、领略多维度的教学风格

读过《如何形成教学风格》这本书，我感受最深的是每一位教师都爱着他们的事业和本职工作，都爱着他们的学生。细读各位名师教学路上真实、典型的故事，我感动不已，我读到的不仅是同行，更是一个个"麦田"里的守望者，是"折翼天使"的修补者，是学生心中的魔术师……他们崇高的理想、坚定的信念、执着的追求，他们深刻的教育思考、高超的教学艺术、富有个性的教学风格，无不让我自愧不如。每看到书上的某一个片段，我总在不停地反思自己的教学行为，我慨叹自己太平凡了，教学十七年，我真没想过自己的教学风格到底属于什么类型，于是我又查阅了很多关于教学风格的书籍和文章，回看了李如密教授为我们解读教学风格的所有资料，结合本书的案例，深刻了解教学风格的主要类型。

1. 理智型教学风格

理智型教师讲课深入浅出、条理清楚、层层剖析、环环相扣、论证严密、结构严谨，用思维的逻辑力量吸引学生的注意力，用理智控制课堂教学进程。学生不仅能学到知识，也能受到思维训练，还能受到教师严谨治学态度的熏陶和感染。这种类型比较适合理科教师，如初中生物刘志伟老师的教学风格——鼓励立异，引领创新。无论是教学还是教研，刘老师始终坚持着务实进取、开拓创新的理念，课堂理性圆融，以学生为主体，注重培养学生的综合素质，环环紧扣，很值得学习。

2. 情感型教学风格

情感型教师讲课情绪饱满，充满激情，讲到动情之处往往是情绪高涨、慷慨激昂、滔滔不绝、震撼人心，引起学生强烈的情感共鸣。学生获得的不仅是知识，还包括人格、情感的陶冶。这一风格类型不得不提小学语文严杏

中篇
善思

老师，案例中描述她的成长离不开诵读，也因诵读成就了她的人生，成就了她的教学风格。我羡慕她的学生，羡慕她的团队，真心希望我们学校的语文老师也能享受那份幸福和愉悦。

3. 幽默型教学风格

幽默型教师讲课生动形象、机智诙谐、妙语连珠、动人心弦，生动的比喻开启学生的智慧之门，恰当的幽默给人以回味和留恋，哲人警句、文化箴言不时穿插其中，给人以思考和警醒。学生心情舒畅，获得一种心智训练。看到对这一风格的剖析，我又翻回到初中物理陈治锋老师的案例。陈老师幽默明快却又严谨细腻地解读了自己的风格，描述了自己的成长经历，看得出陈老师是一个热爱工作、热爱生活的人。再细读陈老师的教学案例，课堂教学充满动感和精彩，教风严谨幽默，他以精湛的专业素养引领学生高效学习，"听君一节课，胜读十年书"的教学效果实在令人折服。

4. 技巧型教学风格

技巧型教师讲课时对各种教学方法、技巧信手拈来，运用自如，恰到好处，丝毫不带雕琢痕迹。课堂教学环节过渡自然，搭配合理，有条不紊。无论是讲解、分析，还是提问、练习，都能照顾到学生的心理特点和接受能力，体现出教师对知识重点、难点的准确把握。看到这一类型风格时，我想到了初中英语孙新老师的教学风格——构建充满生命力的课堂。初识孙新老师是在2012年江门市英语中考备考研讨会上，他主讲中考题型的复习技巧，虽然没有机会走进孙老师的课堂现场感受他的教学风格，但从他的言语当中能感受到孙老师是一位非常有教学技巧和教学艺术的教师，好像身上有一股磁场，他走到哪里学生就会跟到哪里，而且能巧妙地捕捉到学生的心理，让学生不知不觉参与到课堂活动中来。他对英语的一词一句拿捏得恰到好处，对中考考点分析得很细腻。我想，"灵""巧""精"用在他的教学风格里再适合不过了。

5. 自然型教学风格

自然型教师讲课亲切自然、朴实无华，没有矫揉造作，也不刻意渲染，而是侃侃而谈，师生之间是在一种平等、协作、和谐的气氛中进行默默的情感交流，将对知识的渴求和探索融于简朴、真实的教学情景之中，学生在静静的思考、默默的首肯中获得知识。教师讲课虽然声音不高，但神情自若、情真意切，犹如春雨渗入学生的心田，润物细无声，虽没有江海波澜的壮阔，却不乏山间流水之清新，给人一种心旷神怡、恬静安宁的感受。针对这一类型的教学风格，我又把书中的案例详细阅读了一遍，发现这种风格比较大众化，很多教师都在使用。我想到了我们学校的王敏老师，她是一位语文教师，也是与我搭档多年的青年教师。她的课正如书中描述的一样，亲切自然，娓娓道来，学生都被她那优雅质朴、和风细雨的气质所深深吸引。"亲其师而信其道"，她的教学效果也是闻名校内外的，成为我们学校的名师。

教学风格的类型不止这些，阅读本书时，我留意到不少名师名家的故事，如李镇西、窦桂梅、胡兴松等老师，以前我总觉得他们高高在上，离我们很远，但越是学习了解，越是发现他们离我们很近，他们所有的成绩都源于教育教学生活里的一点一滴。他们对学生的爱、对教育的执着、对教研的敏锐都深深地吸引着我，我在认真地学习着、思考着，以求改变和进步。

三、探究教学风格形成的共性

法国艺术大师罗丹曾说："在艺术中，有风格的作品才是美的。"教学也是这样，只有有风格的教学才能达到教学艺术美的境界。教学风格是教学经验的产物，其形成是教师教学能力成熟的重要标志，而且一旦形成就具有相对稳定性。我从书中不同案例的字里行间发现教学风格有着统一的特点。

1. 有自己的教学思想

任何一种独特的教学风格总有其深厚的教学思想的底蕴。影响教学风格的教学思想并不是一般意义上的教学思想，而是教师的教育信念。教师的教育信念是指"教师自己确认并信奉的有关人、自然、社会和教育教学方面的思想、观点和假设，是教师内在的精神状态、深刻的存在维度和开展教学活动的内心向导"，包含教师所具有的职业道德、思想品质、政治修养、教育观、师生观等，标志着教师的思想水平，决定着教学风格的形成和发展方向。书中各位教师都具有良好的政治思想素质，都尊重、热爱自己的职业，不断刻苦钻研业务，不断完善自我，使自己成为学生欢迎的教师。只有这样具备高尚道德品质的教师才能具有威信，才能更好地教育和影响学生，以形成良好的教学风格。

2. 有熟练的教学方法

教学方法是构成教学风格的一个重要因素，也是教学风格赖以形成的基础。我发现任何一位能够形成有影响的教学风格的教师都能熟练掌握各种教学方法，并能灵活而恰当地运用这些教学方法于自己的教学之中。他们会依据不同的课型、不同的教学目标、不同的教学内容、不同的教学设备和条件、不同学生的实际情况，以及自身的素质和条件等选择不同的教学方法。当然，同一种教学方法可以形成不同的教学风格，不同的教学方法也可以形成同一种教学风格，这种创造需要教师们自觉掌握教育教学规律，掌握学生特点，因材施教，将各种教学要素融为一体，把教学艺术运用于教学实践，这样才能取得最佳教学效果。

3. 有富有成效的教学过程设计

教学设计也是体现教学风格的一个重要方面。通过阅读名师的课堂实录，我发现对于相同的教学内容，不同的教师处理方式也会不同。从教师针对教学对象的差异采取的相应措施中可以看出各位名师教学风格的独特性。在教学内容结构方式上，有的教师注重学科本身的逻辑性，层层推进，严谨而细密；有的教师注重学生认知的顺序，从事实入手，巧妙联系实际经验，引导归纳，步步深入，灵活而有趣；有的教师采取直线推进式，一个课题接着一个课题依序进行，快捷而高效；有的教师采取螺旋递进式，一个问题套着一个问题逐步提升，温故而知新。在教学内容叙述策略上，有的教师擅长单线叙述，条理清晰；有的教师擅长复线叙述，层次丰富；有的教师善于开门见山、单刀直入地直接叙述；有的教师善于峰回路转、曲径通幽地婉转叙述。在教学内容的把握上，有的教师擅于统零为整、总体设计、谋划安排，从而优化整体效果；有的教师精于化整为零、解剖分析、各个击破，将点滴落实到位；有的教师讲求广泛联系、博引旁征，以开阔学生的思路；有的教师讲求对照比较、析同求异，以敏锐学生的认识触角。总的来说，无论是什么题材、什么方式，形成相对成熟教学风格的教师总是能够独具匠心地创造出各种符合自己审美理想和艺术气质的教学设计，表现出深厚的教学艺术功力和鲜明的风格特点。

4. 有独具特色的教学风度

教学风度是教学风格的重要组成部分和表现领域。从各位教师对自己教学风格形成的描述中，我们可以看到教师的心理、爱好、情趣、生活习惯和社会阅历已具有相对的稳定性，具备良好的诸如言谈举止、仪表态度等教学修养。对学生而言，教学风度是一种直观的、强有力的教育因素，具有强烈的示范性。因此，有的教师很注重教学语言的凝练，在使用教学语言时能够做到准确、流畅、生动、灵活、亲切、精练、活泼、幽默；有的教师注重与学生建立融洽和谐的师生关系，这不仅有助于形成良好的学风，使学生积极主动地参与教育教学活动，而且对教师教学风格的形成起着助推的作用；有的教师在教育教学活动中保持一贯的态度和行为，坚持实事求是、认真负责、热情奉献、民主执教的教学作风，这对于充实和完善自己的教学风格有着积极的作用。

四、立志成为有个性化教学风格的教师

徐世贵老师《教师快速成长的10个要诀》中的第七诀说："个性是最有价值的一部分，人最精彩的东西在个性里边，人的创造力藏在个性里面。"个性孕育了创新，创新展示了个性。作为教育工作者，我清晰地认识到教育就是培养个性的发展，而个性发展教育需要以教师的个性为基础。正如乌申斯基所说："在教育中，一切都应当以教育者的个性为基础，只有个性才能影响个性的发展与定型，只有性格才能培养性格。"为此，我在很早以前已立志成为有个人教学风格的教师，但那时还不知道如何形成自己的教学风格，只是单纯地按图索骥，经过一轮的培训和反思，我逐渐地找准了教学风格的方向——灵动、尚善。

我们身边的每一位教师，他们日复一日、年复一年地在教坛上默默耕耘着，能让学生记住的一定是他的教学风格很有独特性。程红兵老师在谈学校文化时指出，当前中小学普遍存在着千校一面、万人同语的现象。其实，就教师而言，同样存在着迷失自我、没有个性的现象。我们要当有自己教学风格的教师，在课堂上要有独立思考的意识，展现自己的学养，不做教参里的"传话筒"。我们要在专业成长的道路上发现自我，找到自我，在课堂教学实践中逐渐形成自己的教学风格。这不是一朝一夕能做成的事，而是要求教师在教育教学过程中不断探索，反复实践，将自己的思想、理论与技巧等融进教学过程中，最终形成学生乐于接受的并有自己个性特征的教学风格。

中篇 善思

社会发展需要更多个性化人才，而培养个性化人才势必需要个性化的教学。为此，我们要追寻个性化的教学，使之呈现多元化的局面，争取成为学生的偶像、学生的榜样，这样才能培养出更多优秀的富有创造力的新生代。

为了成为一名有个性化教学风格的教师，我定要付诸努力和行动。

1. 自我意识，关注自我

作为教师，首要的是定位好自己，分析自己的个性特点，选择自己喜欢并且与自己个性相近的名师为重点学习对象，收集名师的成功经验，从理论上初步探讨个性化教学风格的形成规律，让自己在名师的指点下渐渐成长。同时，我还要提高学习能力，积极参加各级各类教学教研活动，认真阅读有关书籍，认真撰写读书笔记和教学后记，为形成个性化教学风格打下夯实的专业基础。

2. 寻找优势，发现自我

当教师学习了名师一定的教学经验后，要逐步摆脱完全的模仿，开始走出别人的"影子"，形成并逐步建立自我形象。在教学个性化形成的过程中，我要不断地寻找自己的优点，努力塑造个性化的自我。我要主动争取学校组织的外出培训、学习的机会，观摩其他名师的公开课，体悟各类名师的教学风格，提升自己的教学理念，逐步形成个性化的教学风格。

3. 学习积累，提升自我

任何一项工作如果不加以反思和提炼，都会成为日复一日的重复劳动，逐渐丧失其应有的活力，教育更是如此。在进行独立教学的基础上，我要结合自己的个性特征进行艺术加工，以自己的某种特长为突破口，定向发展，逐步形成自己的教学特色，使教学进入个性化阶段。同时，我要积极钻研业务，厚积薄发，不断提高自身素质，并且充分发挥自己睿智的思维，创新自己的教学模式，让自己的教育教学方法不落俗套，做到常教常新。

4. 总结提升，形成自我

实践得真知。经过多年的千锤百炼，我在教学上虽不能说达到炉火纯青、教无定法的境界，但也不拘一格、一式、一法，从内容的处理、方案的设计到方法的选择、过程的组织，都表现出多样性与稳定性、灵活性与独创性的有机统一。尽管如此，我还在各种平台上探究和保持自己的个性与特色，展示自己的风采，希望学生的个性能得到更充分自由的发展。

"问渠那得清如许，为有源头活水来"，我们的课堂呼唤着有特色的教学风格，呼唤着个性化教师的专业成长。教学风格的产生是教师创造性劳动的结果，也是课堂教学生机与活力的所在。让我们都来学习和探究吧，争取形成风采各异的教学风格。

课堂教学的自我诊断

（此为"百千万人才培养工程"文科英语组省外跟岗做的课堂教学自我诊断书）

任课教师：钟燕青

年　　级：杭州公益中学　七（2）班

上课内容：Unit 6 Do you like bananas? Section B

上课时间：2013年11月19日上午第三节

一、预设教学目标与动态生成教学目标

1. 预设教学目标

本课时是一节听说课，其核心内容是"喜欢和不喜欢（like and dislike）"。围绕这一中心项目，教材中设计了各种插图和不同形式的任务，让学生进行听说等各种学习活动。通过本课时的教学，学生加深了对食物词汇的理解和认识，学会了表达自己和别人喜欢与不喜欢的食物，学会了谈论自己与他人早、中、晚餐喜爱吃的食物，为今后能在交际中恰当地表达自己的情感、灵活运用已经学过的常用功能项目、进一步学习并掌握新的语言功能奠定了坚实的基础。本课时的教学目标如下：

（1）知识与技能。通过学习，学生能正确掌握并运用有关句型与同伴交流一日三餐，谈论健康的食物，学会分辨可数名词和不可数名词，学会表达别人的喜好。句型有：① What do you like for breakfast / lunch / dinner? ② It's / They're good / healthy for us. ③ What does he / she like for breakfast /

lunch / dinner?　He / She likes … . ④ She likes bananas. She doesn't like ice cream.

（2）过程与方法。通过互动交流、听力素材整合，培养和逐步提高学生的听说技能，培养学生自主学习、合作学习与发现学习的能力。

（3）情感、态度与价值观。积极参与小组活动，完成教学任务，通过学习了解健康饮食习惯的重要性。

2. 动态生成教学目标

课堂教学是一个动态生成的过程，无论教师预设得多么充分，也难以预料课堂中出现的各种情况。因此，教师应该灵活地根据情况的变化不断调整自己的行为，在学生的真实认知点上综合把握，应学生而动，应情境而变。本课时是一节以听说为主的课型，通过对教材和学生的分析，我围绕"like and dislike"这一中心项目对本课时的教学内容做了适当调整和整合，增加了"What do you have for…?""healthy or unhealthy"等贴近学生生活的话题，扩展了食物的词汇量，与学生分析一日三餐食物的营养搭配，让学生与他人分享自己早、中、晚餐喜爱吃的食物，与他人沟通信息时能准确表达喜欢和不喜欢，学会在实际生活中均衡饮食，合理配餐。通过听、说、读、写四项技能的训练，促进学生语言运用能力的提高。

3. 教学步骤的教学目标

Step 1 Warming up

（1）Greeting.

（2）Lead in.

Show some pictures of orange tea. Play a video to show how the orange peels made. Then introduce myself and my favourite fruit.

Q：What do you think of oranges?

想到很多人对我的家乡江门都不熟悉，我选择播放近来人们熟悉的一段关于广东江门市陈皮的种植和制作过程的视频，既让学生对江门市、对我有所了解，也让学生知道橘子是非常有营养价值的水果，以引出新课。

Step 2 Revision

（1）Look at the picture and remind the words of fruits one by one. Then read together.

（2）The same to vegetables.

中篇 善思

（3）Talk about other foods.

（4）Try to write down the words in 1b as many as possible.

通过上一节课Section A的教学，学生已掌握一些基本的食物词汇，了解了谈论与喜好、厌恶相关的基本语言知识及其初步运用。本活动通过图片复习单词，并扩展学生的食物词汇量，鼓励学生争取列举更多的相关单词，为下一步的学习做准备。

Step 3 Presentation

（1）Show pictures of Students eating meals in the dinning hall，learn new words of breakfast，lunch，dinner，really，etc.

（2）Finish 1a，write the number of each word next to the correct food and check the answer.

联系学生的实际生活，出示本校学生在食堂里就餐的图片，教学一日三餐的单词，并引导学生仔细观察就餐的食物，讨论配餐的合理性和营养性，各抒己见。而后从实际回归书本，观察1a的插图，找出Tom一日三餐的食物，熟悉单词，让学生为1c的听力做好热身。

Step 4 Listening

（1）Listen to 1c，circle the food in 1a.

（2）Listen again and fill in the chart. Try to find out what Tom and Sally dikes and dislikes.

（3）Ask Students to talk about what Tom and Sally dikes and dislikes.

（4）Listen to the dialogue again and try to complete the missing phrases and sentences.

Q: Does Tom like salad?　Does Sally like salad?

教材的听力活动注重听力技巧的训练，从1c的泛听找出单词到1d的细听找出Tom和Sally喜欢和不喜欢的食物，由浅入深，锻炼了学生对听力材料进行分析、梳理、提取信息的能力。在检查答案的过程中，我要求学生根据填写的表格信息用自己的语言完整地表达Tom和Sally的喜欢和不喜欢，让学生的语言输出能力得到了一定的训练。另外，我还原了听力文本，但对文本中的重点、难点留了空白，让学生进行第三遍的听力训练，并把空白的短语或句子补充完整。这既锻炼了学生的听力能力，也为下一步的Retell做好了充分的准备。通过三轮的听力理解，学生对Tom和Sally的喜欢和不喜欢有了很深的印象。

Step 5 Practice

（1）Practice and retell the dialogue in pairs.

（2）Talk about the healthy or unhealthy food.

有了以上听力活动的训练，学生很好地完成了对听力文本的复述。我还要求学生对文本做了朗读训练，最终生成"Tom and Sally both like salad."的结论。接着，我们讨论了相关食物"healthy or unhealthy"，帮助学生分析各种食物的健康与否，建议学生做到均衡饮食、营养搭配，多吃健康食物，多运动，健康快乐地成长。

Step 6 Summary

（1）Sum up what we learn in this period.

（2）Try to master the useful expressions of healthy eating diet.

总结本节课的学习内容，要求学生掌握并运用语言谈论自己与他人三餐喜爱吃的食物。

Step 7 Group work

（1）Make the survey in groups.

（2）Make a report of your group.

（3）Share the sentence "An apple a day keeps a doctor away." with students to end the class.

布置小组活动，调查本组同学或其他朋友一日三餐喜欢和不喜欢的食物，做好记录，形成报告，与同学合作、分享。这既锻炼了学生沟通交际的能力，也综合了学生的语言技能，达到学会语言、运用语言的目的。最后，以一句谚语结束本节课，起到点题的作用，寓教于乐。

Step 8 Homework

Write about what you and your friends like and don't like for breakfast，lunch and dinner.

4. 动态生成的教学目标存在问题

课堂的动态生成是在弹性预设的前提下，在教师与学生、学生与学生合作、对话、碰撞的课堂教学展开过程中，由教师和学生根据不同的教学情景自主构建教学活动的过程。生成的过程是动态的，本节课因为是异地构课，教材、教学环境、学习主体和学习方式都与我原来的教学状况不同，虽然有些活动的衔接做得不太流畅，但我想不同的处理方式会呈现出不同的价值，课堂教学也会呈现出动态变化。

二、教学内容诊断

（1）本节课的教学内容有七项，各项教学内容环环相扣，从我家乡的特色水果新会柑子引出大量的水果名词，再到蔬菜名词等，紧扣句型"What do you have for...？"进入课本的1a、1b和1c，完成听力内容，并引导学生分析所学的食物健康与否，如何搭配健康的饮食，做到饮食均衡有益等。这些教学内容跟学生的学习与生活息息相关，密不可分，整个课堂是生动有序的。

（2）当然，由于异地构课、教材差异等，上课之前没有机会跟学生接触，也没听过该班的课，存在对学生不了解、对授课课时前后教学内容不熟悉（没有教材，只有上课所用的一页教材）等问题，在教学设计上比较保守，不敢贸然把教学内容的深度和广度拔得太高，因此设计活动的难度略低于学生的水平，学生只要跳一下就能摘到果子吃，学生的活动参与度较高。

（3）本节课教学的重点内容是听说部分，活动设计很明显，为听力做好铺垫，指引解题技巧，从导入到输出都是一环扣一环，后来的分组活动在很大程度上是听力活动的综合输出。当然，由于对学生的能力估计不足，我的教学设计预留了一部分的延伸活动，以至于最后的小组调查汇报活动没有完成。

（4）课堂教学是一个动态生成的过程，变动不居的课堂充满了不确定性，不确定性蕴含了丰富的生成性。在整个教学过程中，学生在复习食物的单词时归纳了许多出乎我意料的单词。我灵活地根据情况的变化不断调整自己的教学行为，在学生的真实认知点上综合把握，应学生而动，应情境而变，捕捉不期而至的生成点。我对学生的努力思考和积极参与感到非常满意，这些都是动态生成的。当然，从课堂实况上看，最后部分的教学略显仓促，有些活动有点赶过场。在以后的教学中，面对生成性的东西，我要从容处理，把握好心中的"标"和"本"，坚守底线，以达到预期的教学结果。

泰勒原理对初中英语有效教学
范式推进的启示

实施新课程以来，基础教育教学领域又一次开始关注在新课程理念下如何实现课程内容的变革、生态课堂的生成、高效课堂的构建等研究，并主张通过科学观察和测量来考查教学的效果、效益、效率，更多地关注人格形成、生命关照等在教学中的意义。这些当前教育领域里讨论激烈的话题几乎都能从美国闻名教育学家、课程理论专家拉尔夫·泰勒所撰写的《课程与教学的基本原理》一书中找到原型。该书丰富的内容和独到的见解形成了以目标为中心的课程与教学原理，提出了四个著名的问题：学校应该达到哪些教育目标？应该提供哪些经验才能达到这些目标？怎样才能组织这些教育经验？我们怎样才能确定这些目标得以实现？这四个问题为新课改的教学研究提供了主导范式，也成为教育教学实践领域中运用最为广泛的实践模式，对现代课程与教学有着很大的借鉴和启示。

一、解读泰勒原理

《课程与教学的基本原理》主要围绕课程设置和展开过程阐述，分为目标的确定、学习经验的选择、学习经验的组织和评价教育过程四个方面，既为课程开发提供了坚实的理论基础，又为现代课程研究提供了方法论的启示。泰勒在书中并没有直接给出这些问题的答案，而是为我们提供了一个分析框架。围绕上述四个方面，泰勒提出了课程编制的四个步骤或阶段，事实

中
篇
善
思

上，这四个步骤或阶段适用于教育教学各项工作的开展。

（一）确定教育目标

教育目标是非常关键的。首先，要对教育目标做出明智的选择，必须考虑学生的需要、当代社会生活、学科专家的建议等多方面的因素；其次，用教育哲学和学习理论对已选择出来的目标进行筛选；最后，陈述教育目标，每一个教育目标包括行为和内容两个方面，这样可以明确教育的职责。泰勒认为，目标是有意识地想要达到的目的，也就是教师期望实现的结果。教育目标是选择材料、勾画内容、编制教学程序以及制定测验和考试的准则。

（二）选择学习经验

教育目标确定之后面临的问题是要决定选择哪些学习经验。学习经验并不等同于一门学科所涉及的内容，也不等同于所从事的活动，而是指学生与环境等外部条件的相互作用。泰勒提出了五条选择学习经验的原则。

（1）为了达到某一目标，学生必须具有使他有机会实践这个目标所隐含的种种行为的经验。

（2）学习经验必须使学生由于实践教育目标所隐含的种种行为而获得满足感。

（3）学习经验所期望的反应是在有关学生力所能及的范围之内的。

（4）有许多特定的经验可用来达到同样的教育目标。

（5）同样的学习经验往往会产生几种结果。

在教学过程中，学生不是被动接受知识的容器，而是积极主动的参与者，教师要创设各种问题情境，用启发的方式引导学生主动探究问题，培养学生的创造思维能力和批判思维能力，并帮助学生把新知识与原有知识进行有意义的建构。因此，教师所选的学习经验应有助于培养学生的思维技能，有助于获得信息，有助于形成社会态度，有助于培养学生的学习兴趣。

（三）组织学习经验

在组织学习经验时应遵守三个准则：连续性（continuity）、顺序性（sequence）和整合性（integration）。连续性指直线式地陈述主要的课程要素；顺序性是强调每一后续经验以前面的经验为基础，同时又对有关内容加以深入、广泛的展开；整合性是指各种学习经验之间的横向关系，便于学生获得统一的观点，把自己的行为与所学的课程内容统一起来。

（四）评价结果

评价是查明学习经验实际上带来多少预期结果。评价的目的就是要全面地检验学习经验在实际中是否起作用，并指导教师达到所期望的那种结果。而评价的过程实质上是确定课程与教学实际达成目标的过程。教育评价至少包括两次评估：一次在教育计划早期进行，另一次在后期进行，以便测量在此期间发生的变化。对于评价结果，泰勒认为不应该只是一个单一的分数或单一的描述性术语，而应该是反映学生目前状况的剖析图，评价本身就是让教师、学生和有关人士了解教学的成效。

二、泰勒原理对初中英语有效教学范式推进的启示

虽然新课程的理念基本能得到教师认可，然而在实践过程中教师的课堂教学仍以传统的教学范式为主，有些教师过于重视教材，学生在课堂上的语言实践活动时间很少；有些教师上课时过分依赖课本，使学生极易形成教师定格的惯性思维定式；有的教师对新课程所倡导的教学范式理解、运用得不够，过多地讲解语法，等等。因此，要推进有效教学的范式，可以借鉴泰勒原理，理论联系实际，探究更合适的课堂教学策略。

（一）从多维度寻找教学资源，确定教学目标

1. 教学活动要有预设性目标来指导

教学活动从本质上来说是学生在教师指导下有目的、有计划的学习活动，教学总是离不开教师的参与和总体的规划，具有一定的预设性。教学目标是在总的教育目的的指导下对培养目标和课程目标的具体化，决定了教学活动的开展具有很强的指向性和目的性，不能任凭教师、学生的喜好随心所欲地开展。一定的教学目标是教学过程得以顺利进行的前提和基础。同时，从现在的教育评价体制来看，教学目标是我们赖以评价的基础。初中英语有效教学范式推进的总体目标就是贯穿新课改"以创新精神为核心"和"以学生为主体"的理念，要求教师在教学过程、课程评价和教学资源的开发和利用上创设高效的教学活动，建立接纳性、支持性、宽容性的课堂学习氛围，激活学生自主、能动、创新的意识，让课堂动起来，构建新的开放性英语教学体系。泰勒原理是以《英语新课程标准》为基准，以教师为主导，以学生为主体，通过有效备课、有效课堂、有效评价，进一步推进英语课堂教学的

中篇 善思

创新，使其成为更高效、更具活力、能够更好地适应各种学生群体完成英语学习目标的教学模式。

2. 确定预设性目标，多维度促教师专业成长

泰勒指出："任何单一的信息来源，都不会明智而又全面地为选择学校目标提供基础。"他认为应从获取各种资讯的过程中确定教育目标，且现在国内外教育专家都认为就设置教学目标的客观依据而言，要从单纯的以学科为中心转向兼顾社会需要、学科体系和学生自我发展的实际，主张三者辩证地结合起来。受泰勒原理的启发，我们要开展有效教学范式推进，就要尽可能多地利用校内外的资源，加强与校外的联系，获得一定的校外课程，从多维度出发来确定预设性目标。鉴于此，我们以泰勒原理为指导，通过对初中英语不同教学板块的交叉搭配，设计统一可行的教学活动模式，做到既分工又合作，互帮互学，共同探讨和实施有效教学范式，在课堂教学中不断进行验证，探求具有实践意义的策略。

（二）建立以学生为中心的教学范式

从泰勒所论述的教育目标的确定中可以看到，其课程模式较多地关注学生的需要，这正是现在初中英语教学中最需要改进的。泰勒关于课程设计过程要充分考虑学生这个主体在其论述的问题中都有所体现。在论述学校应该追求的教育目标时，泰勒要求从广泛的来源中索取教育目标，其中包括从研究学习者本身寻找教育目标，研究学生的需要和兴趣，并对研究学生的需要和兴趣的方法做了详细的叙述。因此，根据泰勒理论，初中英语课堂教学必须以学生为中心，充分考虑学生的个性特征和实际需求，营造宽松、和谐、民主的课堂氛围，最大限度地调动学生学习的主动性和积极性，使他们主动积极地参与课堂活动，使课堂教学效果最优化，从而使学生获得学习的自信心并培养其应用与探究的能力。

在这种思想的指导下，教师遵循泰勒学习经验选择的两个原则："学生必须获得经验，以便有机会演练该目标所包含的行为"，"所提供的学习经验必须使学生由于实践目标所包含的行为而获得满足感"，以主动认真的态度投入到教学研究活动中，每节课做到积极准备、精心设计、以生为本，初步形成有效的教学范式。

泰勒的课程设计模式较多地关注学生的需要。学习经验的选择及学习经验的组织，也就是我们通常所说的教学内容的选择和教学活动的开展，很大程度上是从学生的需要和兴趣出发的。研读泰勒课程与教学的基本原理使我们清醒地认识到，现在的课程与教学也必须更多地从学生的主体性出发来组织和开展。

有效教学范式的推进，其核心在于学生在学习过程中积极主动性地发展，这对学生来说具有直接的操作意义，也是教师在实施教改过程中十分关注的目标。要"改变课程实施过于强调接受学习、死记硬背、机械训练的现状，倡导学生主动参与，乐于探究，勤于动手，培养学生搜集和处理信息的能力、获取新知识的能力、分析和解决问题的能力以及交流与合作的能力"，教师与学生应积极互动，共同发展。在接受与探究这两种不同学习方式的处理上，要提倡发现式、探究式、研究式学习方式；在书面获得和实践领悟两个不同的途径中，要将过于注重书本知识、死记硬背等现象转为注重理论与实践的结合，引导学生勤于动手；在传授知识与培养能力的关系方面，要改革以知识传授为主要任务的传统做法，引导学生学会学习。

（三）不断调整教学过程中的各个环节

从泰勒提出的在教学过程中确定教育目标，到根据目标选择学习内容、组织学习内容，再到学习结果的评价，这似乎为我们提供了简单且行之有效的直线性课程编制过程，但仔细阅读泰勒关于课程编制的基本原理可以发现，课程的编制是不断发现不足、不断提高的过程。

泰勒在论述如何评价学习经验的效果及阐述评价结果的利用时指出"我们不但要分析评价的结果，以便指出各种优劣点，还需检查这些资料，以便提出为什么会产生这种特殊形态的优劣点的各种可能的解释或假设"，并指出利用的一般程序。在泰勒看来，课程设计包含了重新计划、重新发展和重新评价，课程编制的各个环节要根据实际状况进行不断调整，并且利用评价来改进教育目标，从而改进教学内容的选择和组织。

受泰勒课程编制模式的启发，我们在课程编制的过程中也要不断地调整各个环节。首先要提高教师备课的质量。备课是上课的第一步，教师必须深入钻研教材，准确把握教材的重点和难点，整合课程资源，把握学生学习的具体特点，对课堂教学的程序进行精心设计，按照"自主备课—集体备课—教学中备课—教学反思"的步骤开展实验，使教师掌握有效备课的基本实用策略，群策群力，彰显集体备课的优点，提高教师备课的效率。

泰勒原理指出，教师不仅要利用评价来改进课程目标，改进学习经验的选择和组织，同时还应根据课程编制过程中出现的不确定因素（包括学生的因素及不确定的周围环境等实际情况）不断调整和改进课程编制的各个环节，使课程适应不同情境下的教学需要，符合学生的实际。实施推进有效教学范式，学生的学习效率明显提高。教师在备课中重视学生学习动机的激发、学习策略和注意力的培养，精心设计教学活动，让学生在参与体验中学习，真正实现了以学生为主体，使学习的过程成为学生发现问题、探索问题、研究问题、解决问题的过程。学生学习知识、发展能力与提高兴趣达到有机统一，从而在班级中营造出浓郁的学习氛围与和谐的师生关系，有效促进了教学质量的提高。

目前，大部分教师的有效教学范式已初步形成，但距离熟练运用还有一段路要走，形成和完善有效教学范式还需要不断学习、积累和研究，需要长期实践和探索。如何根据实际情况选取有效的教学范式和教学策略，大部分教师还需要专家指点，需要更细致地研读课程与教学的基本原理，在理论与实践中不断发现、修正。

不忘初心，执着前行

三年时光，转瞬即逝。参加广东省新一轮"百千万人才培养工程"是我教学生涯中一段美好的华章，我将终生难忘。难忘每一场学习的隆重大气，难忘专家领导的语重心长，难忘导师们的耐心指导，难忘同伴们的互助互爱，难忘前行路上的挑灯夜战……一切都历历在目。虽然我彷徨过、退缩过，但教书育人初心不改，我选择了坚持。三年的学习让我忙碌、充实、感激，又觉身负重任。我既学以致用、务实求真，也看到自身的不足，真的收获良多，感慨良多。

一、收获与成果

1. 走近专家名师，引领教育教学教研发展

三年来，新一轮"百千万人才培养工程"高起点、严过程、重实效的培训对我的教育教学行为有着很大的冲击和影响，我进一步了解了基础教育的发展方向，教育思想、教学观念、科研方法、课堂教学艺术等方面的理论知识都有了更新和提升。南京师范大学杨启亮教授让我懂得了做教师要遵守师德规范，要对得起自己的良心，要有自己的信仰，从职业中找寻幸福；香港教育领域"全人发展"的培养理念使我感悟到教育的本真；故宫博物院研究员张志和博士让我懂得了教育就是传承、发展、保护自己的文化，培养学生健全的人格，这也是教师的责任与担当；浙江省义乌中学吴家澍校长谈到优秀教师的修炼，让我懂得了名师的成长需要自身的不断修炼；杭州市文晖中学的赵群筠校长让我领略到教学的从容与智慧，她阐释了一种叫作"坚持"

中篇 善思

的信念，把眼光放在每一天的成长上，把关注点集中在每一天的收获上，不断地在平淡中创造神奇；美国之行让我感悟到教育的本质——教育即生长，教育即生活，懂得了要关注学生的个性发展，就要培养学生的批判性思维……通过与专家零距离的接触，我接受了大量鲜活的反映时代要求的教育理论，极大地冲击了我过去一直遵循的传统教学观念和恒常习惯，促使我深刻地反思，推动我教育观念的更新，对于如何开展实质性研究、如何促进情感渗透的教学优化、如何做到深度教学等有了一定的了解和认识，对我的教育教学工作起到一定的指导作用，使我对教育教学有了更深层次的理解。

三年的研修学习，我有机会走进各地的教研活动，收益良多。跟岗冯页导师的学习，我真切感受到冯老师"英语教学，快乐为先"的教育真谛。广州海珠区"人人做教研，集体共提升"的教研理念给我很大的触动。如果全体教师通过自身的教、亲身的学、人人参与教研，一定能对实际教学起到积极的促进作用，从而达到思想上提高认识、行为上促进发展的教研目的。香港屯门崇真书院的英语科组求新合作的科组建设、邓肇坚维多利亚官立中学引入以戏剧教英语的教学法，以及其他学校的导师带教制度等颇具特色的教学教研模式，也很值得我学习和借鉴。当示范带学走进花都区、河源市初中英语教学组时，教研员工作的专注与细致，教师参与的热情与认真，让我感受到他们教研的巨大合力；当来到浙江省杭州市公益中学时，才发现学校教师的教学水平和教研气氛很值得我学习；当走进珠海实验中学时，我深深地被孙新老师的人格魅力所吸引，他的课堂没有太多的约束，学生自由快乐地学习，这也是我所追求的灵动、尚善的课堂。耳闻不如目睹，目睹不如亲历，每一次的返岗，我都自觉地把所见所学融入我的教学与管理工作中来。

如果不是参加省"百千万人才培养工程"，我真没思考过自己的教学风格是什么、什么样的教学风格才适合我。回顾十九年的教学之路，我始终以教会学生学会学习、享受学习、快乐学习为目的，以真挚的情怀开启学生的智慧，以纯洁的心灵感染学生，引导学生做为善之人，热爱生活，关爱他人，因此，我在教学中一直追求的是灵动、尚善的风格。在三年研修的教学实践中，我从教材、教法、学生入手，与同学互助交流，向名师专家、同行请教学习，研读书籍，不断探寻，努力凝练和践行我的教学风格。

研修期间，我积极申报"十二五"教育教学重点课题《信息化环境下初中学科高效课堂教学的策略研究》，并获得市级课题立项。感谢导师们给予我很多的指导。本课题进行开题仪式后，有序地开展实践，每学期组织各学科开展实践课活动，指导教师撰写相关论文和参加各类教学比赛，带领各学科开展小课题研究，探究各学科在信息技术环境下的高效课堂教学模式，取得了良好的效果。目前，该课题已顺利结题。后来，我又申报了省"百千万人才培养工程"2014专项科研项目课题《建构主义理论下初中英语过程写作教学的行动研究》并获得立项，致力于攻克初中英语的教学难点之写作教学。该课题联手江海区外海中学的江海名师站英语成员一起做教研。为了带领学校的青年教师开展课题研究，我还参与了学校市级课题的研究，积极发挥自己学到的教科研技能，更多地为青年教师提供力所能及的专业辅导。

另外，我撰写的论文《探究信息技术环境下初中英语听说教学的有效性策略》《巧用思维导图，优化英语课堂教学》分别获江门市优秀教学论文评比一、二等奖，论文《初中英语"ACT"式有效教学范式推进研究》获江门市中小学课堂教学改革经验材料评选学科类一等奖，论文《中考英语复习中常见"病症"及其对策》《开展结对帮扶工作，促进教师专业发展》发表于《江海教育》；撰写的研修成果《灵动、尚善——我的教学风格》被录入"百千万人才培养工程"项目科研成果中并已出版。

通过理论研修、跟岗学习和学员们平时给我的指导，我在学校负责的校级名师培养工程（第一期）顺利完成。我与项目组成员们一起做教研，一起成长，为培养对象搭建成长、引领和示范的平台，如开展名师与学科带头人示范课、名班主任公开课，与青年教师结对帮带，指导参与区市级课题研究、论文和课堂实录大赛、教学设计大赛等；辅导我校两位英语教师参加江海区教研室举办的2012"教学+反思"活动，均获得区级一等奖。另外，我还与英语科新教师结对，互相听课、评课，不断提高教学水平，圆满地完成了结对帮带活动。第一期的部分学校名师被推荐为"江海名师站"名教师培养对象。目前，学校第二期名师培养项目已启动，同时启动了学校的"青蓝"结对活动，积极发挥名师的示范、引领作用。青年教师都积极参与市、区、校的教学教研比赛，取得了优异的成绩。

中篇 善思

2. 走进名师课堂，探索高效教学模式

这三年，我很荣幸有很多机会走进名师各种课型的课堂。纵观不同的课型，都有共同的特点：

（1）教师非常重视和学生的交流与沟通，注重师生关系的平等和谐，注重对学生学法的指导。

（2）运用专业语言对学生实施适时、有效的评价，用机智教学。

（3）教师专业发展特点鲜明，教学扎实有效。通过观摩学习，我从中找到高效课堂教学的灵感，并反复琢磨怎么才能让学生快乐地投入到课堂教学中。

跟岗学习、示范送学、外出考察、小组研修等让我有了更多的实践经历，如跟岗学习后的展示课Revision of Unit 3 & 4、花都炭步中学的示范带教France is calling、与澳门圣若瑟教区中学的交流课 "The summer holidays are coming."、名师江海站启动仪式公开课 "English is widely used throughout the world."、河源啸仙中学的示范带教 "Unit 3,Topic1,Section A"、杭州公益中学的交流课 "Do you like bananas？"、高效课堂示范课 "Sort the garbage"、"省百" 专项课题实验课 "话题写作：Modern Technology" 等。正是这样一次次的教学实践让我在工作若干年后又静下心来反思自己的教学行为，不断了解学生的真正需要，在实践中反思，在反思中学习，在学习中成长。

3. 走近导师、团队，提升自我专业素养

感谢一路陪伴我的导师们，在他们的引领下，我在成长的路上少走了许多弯路。冯页导师是省名师工作室的主持人，我从她身上深切地体会到了什么是快乐工作。作为英语教师，追求快乐的英语教学，让学生在快乐的语言环境中成长是我终身的教学目标。孙新导师的课堂充满着教育教学的机智，充分体现了依托教材、以人为本的学生发展观。孙老师结合自己的从教经历和成长道路，与学员一起探讨教师的专业成长，让我感觉自己走在一条充满阳光的路上。黄丽燕博士和李华教授虽然百务缠身，但总是自然随和，有很好的亲和力，面对学术问题总是站得高，看得全，理念新，把大局，重细节，在教育教学理论和具体的课堂教学方面给了我很多指导，而且重视对学生的发展进行整体规划和引领，全面长远地培养学生的能力，在教育教学和学生成长等方面为一线教师提出了许多宝贵的意见。我深深地被这两位专家的人格魅力、精湛业务和研究精神所感动。我为有这样优秀的导师而倍感自豪和幸福。

三年来，我有幸认识了英语学科六名非常优秀的学员。虽然我们来自不同的城市、不同层次的学校，但我们守望相助、互帮互进的思想是一致的，我们一同交流和探讨很多的话题，一起抒发和碰撞很多的观点。每一次聆听讲座、教学观摩或课后交流，大家都能踊跃发言，大胆陈述自己的观点想法，提出自己的疑惑点。组长海滨老师儒雅而睿智，叶译老师激情而生动，傅红老师严谨而热情，道红老师从容而内秀，晓敏老师智慧而灵气，巫英老师本真而朴实，我从他们身上学到了许多宝贵的经验，并一直反思，我将用收获的理论和实践经验指导今后的工作。

4. 走进特色校园，拓展文化建设思路

"耳闻不如目见，目见不如足践。"感谢项目组的安排，让我有机会进入广州西关外国语学校、广州实验中学南海学校、广州外国语学校、英东国际学校等颇具外语特色的学校。浓浓的异国情怀、双语标示的名言标语、温馨别致的工作室、独具特色的英语情景教学课室、个性化设计的外教课室、精美的双语班牌和奖状、宁静整洁美观的校园环境，无不让人感受到浓厚的校园文化气息和特色建设。学生尊师重教、知书识礼，教师务实勤劳、协作灵动，都给我留下了深刻的印象。

第一学年参观香港的学校，也给了我别样的感悟。拔萃女书院、屯门崇真书院、邓肇坚维多利亚官立中学都是有着悠久办学历史的学校，我被那些会"说话"的墙和特色鲜明的校园文化吸引了，他们的集体备课模式及学科特色建设很是值得我们学习。第二学年，文科组走进浙江省杭州市名校，杭州公益中学的大气磅礴，教育教学的严谨拼搏，一墙一楼、一草一木，无不彰显着校园朝气蓬勃的文化气息；英语研修小组一同走进珠海实验中学，领略学校踏实、包容、勤奋的校风、学风和中西交融的校园文化。第三学年的美国教育之旅让我们长了眼界，展了思路，更多地思考和培养学生的批判性思维。初中英语组到深圳市梅山中学的小组研修之行，与傅红老师带领各路骨干、精英教师探究"快乐英语教学"模式。那种对教育的坚持和执着像一颗种子在我的心中扎根发芽。

二、不足之处

（1）专著理论学习不够，理论水平仍有待提高，有时思考得多，却碍于水平和能力有限而无法完成。

（2）肩负的事情、杂务太多，没有足够的时间静下心来专心做好自我内化和学习提升，教研的步伐还要大胆迈开脚步。

（3）项目组提出的一些培养目标，我个人力量难以完成，难以做好引领、辐射作用。

三年了，有太多的不舍。在一系列名师培养实践活动中，我一直努力着，收获着，成长着，真诚感谢项目组、各位导师不辞劳苦、全心全意的指导。在今后的日子里，我会继续学习，探索创新。研修的结束不是完结，而是新的开始，无论前路如何，我依然要快乐地教书育人，不改初心，执着前行。

有感于合作学习与教师专业发展

"一个人能走多远，看他与谁同行；一个人有多优秀，看他由什么人指点；一个人有多成功，看他与什么人相伴。"看了徐世贵老师的《教师快速成长的10个要诀》，收获多多，其中一些经典话语胜似心灵鸡汤，很值得细细品味。

教师的专业成长也是如此。专业成长不仅源于教师个人的教学反思和行动研究，而且在很大程度上源于教师间的交流与合作。任何个体都不是独立存在的，而是在周围人及环境的相互作用中存在和发展的。然而在教学实践中，教师普遍存在着合作意识薄弱、合作方法不当等问题，那么，如何培养教师的合作意识？如何增进教师间的合作？这些都值得我们认真地思考与探讨。

一、合作学习对教师专业成长的意义

教师的专业成长是一个终身的、自主发展的过程，研究、反思和实践是教师专业成长的重要手段和策略。教师的自主发展需要教师的继续学习以及环境的支持，而合作学习是当前教师自主发展最实际、最有效的途径之一。随着科学文化和教育理论的发展，教师的工作逐渐演变成相互关联和相互衔接的过程，合作显得尤为重要。

1. 教师必须具备合作理念

新课程标准的颁布、新教材的推行、新课程理念的逐步渗入、不同学科的相互融合及其与现代信息技术的整合等都要求教师彼此合作，共同提高。

2. 教师的自身发展需要合作，合作又促进教师的发展

（1）合作学习促进教师的理论学习统一步伐。每位教师在学习过程中都会以自己的思维方式建构对理论和研究的理解，不同的教师有不同的认识标准。通过彼此之间的合作，可以使其超越自己的认识，从而对理论学习形成更加丰富和全面的理解，促进其自身素质的发展。

（2）合作学习在实践中最常见的是集体备课。全体成员为了共同的目标，在资源、信息、合作技巧方面互相影响，互相激励，互相商讨，集思广益，使合作研究小组成员的思维碰撞出创造性灵感的火花，从而获得富有创造性的学习方法和研究成果。

（3）合作学习是深入挖掘教师自身教育资源的有效策略。通过合作学习，不同教育能力和不同知识结构的教师可以互补，有效改善个体的学习能力与学习方法，有效减少教师的无效劳动，为教师自我培训及自我发展提供了空间与时间。

二、教师合作学习的途径

（一）构建合作的教师文化

鉴于目前学校大部分教师仍维持"单打独斗"的教学状况，学校迫切需要构建合作的教师文化，让教师在互信互谅的环境中共同探求改变思维和习惯的方法，促进教师的发展。

首先，学校在组织和时间安排上要让教师一起参与教学目标的规划，让教师有一起解决教学问题的时间。其次，科组要在互信互谅的氛围中提供让教师互相观摩和咨询甚至协作教学的机会。再次，教师应具备彼此支持、互相配合、同心协力的个人品质，使合作者的相互体谅成为凝成合力的情绪协调，使合作者的积极参与成为凝成合力的行为保证，当个人意愿与集体意愿不一致时，愿意为集体利益调整自己的教学观点、方法和材料。

通过教师之间的互动，改变教师的组织文化，使教师的工作建立在互信互谅的基础上，形成共同的价值观以及心理支持氛围；通过分享材料、计划和资料及共同努力，形成教师集体参与教学试验的动机，共同促进教师的专业成长。

（二）找到有效的合作途径

1. 教师之间的合作

传统的教学常规虽然有时也有集体备课、集体评课等教研活动，但常因缺乏监管而流于形式。合作学习则不同，它将师师互动纳入教学管理常规中，并将其视为教学过程不可或缺的一个环节。教师之间在知识结构、智慧水平、思维方式、认知风格等方面存在重大差异，即使是教授同一课题的教师，在教学内容处理、教学方法选择、教学整体设计等方面的差异也是明显的，这种差异就是一种宝贵的教学资源。通过所教授内容的互动，教师之间可以相互启发，相互补充，使原有的观念更加科学和完善。教师之间的对话、研讨是教学信息和灵感的巨大源泉，能够推动教师创造力的发展。

2. 教师与学生的合作

在教学过程中，教师与学生平等参与，双边互动，从而获取信息，及时反馈。因此，教师首先要有与学生合作的观念，要培养倾听的意识和习惯，学会宽容并善于宽容学生，尽可能地珍视个性和尊重多样性，这样才能更好地容纳百川、博采众长。

3. 结对兄弟合作学校

结对兄弟合作学校是近年推行的一种教师教育的新形式，一般由大校牵手小校，或水平相当的学校共同合作，结成平等共生的合作伙伴关系。正如我校多年来与水平相当的恩平市良西中学结成兄弟学校，联手解决教育实际问题，进行理论课题的合作研究，为双方教师教育提供一个长期、稳定、实践与研究并存的实体，建构了校校教师之间教育、教学、研究、学习合一的新模式，促进了教师的专业成长。

4. 教师与家长的合作

教师必须处理好与家长的关系，加强与家长的联系与合作，共同促进学生的健康成长。因此，我们要尊重家长，虚心倾听家长的教育意见，与家长保持经常的、密切的联系，在教育要求与方法上与家长保持一致，提倡家长参与教师评价，这有助于增强对教师教育教学活动的监控，也有助于教师反思习惯的形成和反思能力的提高。

中篇 善思

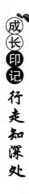

5. 网上学习

合作学习的本质是优势互补、资源共享。网络是人类最广泛的互动学习环境，网上学习是全球范围内的合作学习。教师要掌握前沿信息，可以通过网上学习，从网上搜索自己需要的最新信息。不论何人，不论其学历、资历如何，只要有新的发现、新的观念，都可以面向全球交流切磋。

我期待着，也相信合作学习一定会加快教师专业成长的步伐。

剖析新课程下中小学英语
教学评价的衔接

　　随着新课改的实施和小学英语的全面开设，中小学英语教学如何衔接的问题日益突出，其中如何解决中小学英语教学评价的衔接问题是很值得我们认真思索的。做好中小学英语教学评价的衔接是防止中小学英语教学出现两极分化，保持起始阶段学生对英语学习的兴趣，大面积提高英语教学质量的关键。但种种原因导致中小学英语教学评价的体系在很大程度上存在着差异，极大地阻碍了学生的可持续发展，因此搞好中小学英语教学评价的衔接对每位英语教师而言显得尤为重要。

一、存在问题及原因剖析

1. 教师之间缺少沟通，互不了解

　　中小学英语教师相对独立，长期处于分离状态。中学英语教师不了解小学英语教师的具体评价模式，小学英语教师也不知道中学英语教师如何操作。如果一位中学英语教师根本不知道自己的学生在小学里接受怎样的教学评价，就很难进行教学评价的良好衔接。

　　原因剖析： 由于中小学英语教师之间缺乏交流的平台，很多小学英语教师不理会初中教学的要求，没有从学生的长远学习出发，只是过分追求"活跃的课堂"，而忽略了学生语言的习得和学法的培养。中学英语教师对小学的教学理念不熟悉，也不了解小学的教学评价体系，教学方法比较单一，课堂教学更多的是以教师为中心，学生被动地接受知识，难以发展学生运用英

语知识的能力。中小学英语教师之间的零沟通是导致中小学英语教学评价出现衔接问题的原因之一。

2. 教学评价方式不衔接

在小学英语教学过程中，教师对学生采用形成性评价。评价的方式除了教师的评价外，有的还建立了同伴评价、家长评价等评价体制，其主要目的是激励学生的学习兴趣和积极性。而中学多以教师为中心，侧重于课堂的讲练上，对学生学习的评价以终结性评价为主，更多的关注结果，考试是评价的重要手段和形式。

原因剖析：由于小学没有升学压力，在进行英语教学时，教师完全可以按照新课程的思想、理念组织教学，进行多元化的形成性教学评价，促使学生学习的积极性大大提高。而中学在升学竞争的压力下，教师更多地考虑如何使学生取得高分，往往只是采用单一的终结性教学评价。由于中小学教师的教学评价方式不一致，致使小学生升到初中学段后难以适应教师新的教学模式，从而出现学习上的困难，甚至七年级下学期就出现两极分化的现象。

3. 考查方式与评价机制缺乏过渡

小学虽然有着不同形式的考试，但口试、听力、笔试占的比例相当，内容简单，基础知识再现率高，学生很容易拿到高分。中学的测试评价基本上都是百分制，笔试占相当大的比例，突然让学生无所适从。

原因剖析：在小学，低年级的期末或学年评价基本不采用书面测试形式，只采用与平时教学活动相近的方式或采用等级制度进行测评；高年级每学期大约有四次单元测试，检测的内容多数与课本学习内容同步，只要学生背熟单词与句子，取得好成绩是不成问题的。而中学每学期约有十次单元测试，还有期中、期末测试，检测的内容除了有部分与所学的课本内容同步外，其余部分超越课文内容，这对于学生的知识综合能力及自学能力无疑是很大的挑战。因此，如何把中小学英语的考查方式与评价机制有机结合起来，使教学评价自然衔接起来，是值得研究和探讨的一个重要问题。

二、解决衔接问题的对策

（一）教学评价衔接的原则

1.以生为本是中小学教学评价衔接的首要原则

新课程下的教学评价是提高教学质量、促进学生发展的手段，是完整的教学过程不可分割的一个重要组成部分。中小学英语教师进行教学评价应以可持续发展理论为前提，促进学生潜能、个性和创造性的发挥，使学生具有自信心和不断提升自我的能力。

2. 中小学教学评价应以"以学论教，以教促学"为指导

教师在设计教学评价时要以学生为主体，让学生学得轻松、自然，注意力集中，求知欲强，使得课堂交流合作气氛浓厚。教师施行教学评价时应把教学设计与学生的活动联系起来，加以评价，真正做到"以学论教，以教促学"，凸显教师设计和组织教学评价的能力，从而激发学生求知的欲望，尽快适应初中的学习生活。

（二）教学评价衔接的有效方法

1. 教师在相互了解的基础上做好教学评价的衔接

中小学英语教师要从根本上改变相对独立、缺乏交流的现状。教研组、学校要多提供交流合作的平台，中学教师特别是七年级的英语教师要多听小学英语课（特别是六年级），充分了解小学英语教师是如何对学生进行评价的，有哪些方面做得好，可以在七年级的起始阶段继续使用。而小学教师也应该有意识地向初中阶段靠拢，了解初中阶段是如何对学生进行评价的，在完善原有评价体系的基础上融汇部分初中阶段的评价方法，采用形成性评价与终结性评价相结合的方式，面向全体学生，尽量做到使每名学生都能在七年级不掉队。总之，在有条件的情况下，中小学英语教师要争取多交流，彼此熟悉对方的教学评价，以便取长补短。

2. 让学生对中学的教学评价模式做到心中有数

"知己知彼，百战不殆。"只有熟悉小学教材内容，中学英语教师才能更好地处理与小学英语教学评价的衔接。因此，教师在七年级新生入学时就应利用"预备篇"的教学内容，循序渐进地让学生了解中小学教学评价模式的异同，做好转变思想的准备，选择合适有效的学习方法，尽快投入到新的教学中来。七年级是另一阶段学习的开端，不同基础的学生都充满了信心，学优生希望能走向更高的层次，学困生希望重塑自我，给教师一个完美的印象。教师应该充分利用这一契机，使学生坚信只要适应教师的评价模式，勤奋地投入学习，一定能取得佳绩。

3. 根据中小学英语的教学规律，注重教学评价内容和形式的衔接

小学高年级与初中的教学评价应关注学生综合语言运用能力的发展及

学习效果，采用形成性评价与终结性评价相结合的方式。期末或学年考试可采用口试与笔试相结合的方式，口试主要考查学生实际运用语言的能力，内容要与学生的生活息息相关；笔试主要考查学生的综合能力，形式要生动活泼。

在平时的教学过程中，教师要组织难易适中的诊断性英语测试，包括词汇测试、综合测试、听力测试等阶段性测试。通过测试，教师可以了解全体学生的英语学习基础，增进对学生的进一步了解，为备课、上课提供可靠的教学依据，及时发现问题，以调整学习计划，弥补学习上的不足。教师还可以将学生的课堂表现、平时成绩等列入期末考试成绩。

4. 巧用评价语言，更好地完成课堂教学评价的衔接

学生只有"亲其师"，才能"信其道"。七年级英语教师面对新的学生，课堂上应多使用生动丰富的评价语言，让课堂更具亲和力，毕竟学生面对新的课程、新的环境和老师会存在害怕、好奇等心理。英语教师要多采用引导、鼓励及肯定的语言，少用批评、否定的语言，注意学生的情绪导向，最大限度地调动学生学习的主动性、积极性，活跃课堂气氛。教师和学生在亲切友好的氛围下很容易融入新的学习中。例如，当学生回答问题比较紧张时，教师可以说："Don't give up. / You can do it if you try. / Don't worry. / Take it easy. / There's no need to hurry." 当学生回答得不完全正确时，教师可以说："Try it again. / Will you try it again? / Have another try. / Good try, but not quite right." 当学生回答得接近正确时，教师可以说："Almost right. / That's almost right. / You have half way there." 当学生回答得完全正确时，教师可以说："Well down. / Excellent. / Terrific. / You have got the idea. / That's exactly the point. / That's correct." 等等。

总之，教师只要充分了解中小学英语教学评价的衔接原则，将中小学的教学评价相互渗透，注重教学评价内容和形式的衔接，巧用评价语言，就能很好地解决中小学英语教学评价的衔接，大大激发学生学习的积极性，使学生在评价过程中反思自己的学习行为，调整自己的学习策略，以实现学生综合语言能力持续提高。

巧用思维导图，优化英语课堂教学

英语作为一门语言，其学习过程就是把新的语言知识整合到学习者原有的认知结构中，建立新的图式，形成新的知识建构。教师作为教的组织者及学的促进者，要设计合理的思维导图（Mind Mapping），将课程内容组织成更有效的整合框架，帮助学生温故而知新，逐步培养学生感知语言、运用语言的能力，并在独立思索的过程中提高自主学习的能力。初中英语课堂巧用思维导图辅助教学是构建高效课堂的良策。

一、思维导图简介及其作用

思维导图是由托尼·巴赞于20世纪60年代提出的。他在《思维导图：放射性思维》一书中曾说："思维导图是放射性思维的表达方式，因此也是人类思维的自然功能。它是一种非常有用的图形技术，是打开大脑潜能的万用钥匙。思维导图可以用于生活的各个方面，其改进后的学习能力和清晰的思维方式会改善人的行为表现。"形象地说，思维导图就是围绕一个中心主题，从中央主干向四周放射关联的分支，并用关键词或图形对分支进行标识，再充分利用色彩和字体的变化将思维的过程和结果清晰呈现出来。这一思维工具虽然看起来非常简单，但是它把形象思维与抽象思维很好地结合起来，作为一种学习策略，是符合人类大脑思维方式的，是一种使大脑的思维过程可视化的工具。

思维导图完全不同于传统的直线记录方法，这主要是因为它源自脑神经生理的学习互动模式，并且开展人生来具有的放射性思考能力和多感官学习

中篇 善思

特性。它能帮助学生在学习英语的过程中建立完整的知识体系，对学习效率的提高、思考技巧的提升、智力潜能的激发、师生之间的交流互动等起到积极的作用。

二、思维导图在英语教学中的运用

1. 巧用思维导图，优化词汇教学

词汇是构成语言的基本要素，也是构成句、篇章最基本的要素。中学生要想学好英语，掌握相当的词汇量是非常重要的，但很多学生记单词的方法非常单调，效果也不好。

在教学实践中，教师巧妙地利用思维导图，将词汇之间的逻辑关系梳理出来，能促使学生整合新旧词汇，按照一定的逻辑顺序建构词汇记忆网络，结合话题，逐步培养学生用英语进行思维和表达的能力，为学生进一步学习和发展创造必要的条件。如教学单词"act"，教师从词根开始，引导学生对其派生词进行扩展，可以更好地启发学生的发散性思维和创造性思维，举一反三，学生将学会更多的词汇。

2. 妙用思维导图，优化听说教学

听说课是英语学习不可缺少的课程，听力水平的高低直接关系到整体语言技能的发展。为了提高学生的听力水平，教师可以在平时的听说课上以思维导图辅助教学，引导学生吃透教材中的句型、单词，适度给学生添加一些具有时代性、生活性及有关西方国家历史文化的词汇，扩充学生原有的词汇量。对于篇幅较小的对话来说，教师可引导学生抓住关键词，在听的过程中做到有的放矢。对于短文理解，学生要做到快速浏览，明确问题的大意及各个选项的基本意义，记录短文的相关信息，串联这些信息便可得知短文的基本情节和线索。学生听完材料后要做到前后联系，利用后来听到的信息补充前面有疑问或漏听的信息，并加以推理、分析和修正，从而提高理解的准确度。初中听力测试的"听填信息"是表格式填空，这正是图表式思维导图的一种，训练学生从整体上把握文章大意，从而达成新课程标准提倡的"提高学生用英语获取信息、处理信息、分析问题和解决问题的能力"的目标。

学习语言的最终目的是传递信息和沟通交流，使之成为有用的交际工具和了解世界的工具，但很多学生虽然笔试成绩不错，却"金口难开"。为

此，教师可以灵活地运用思维导图启发、引导、点拨，创造良好的交际环境，激发学生的交际意识和表达欲，为不同层次的学生提供表现自己的平台，让学生都能有所发展，这正是新课程标准（修订版）中倡导的"德育为先，全面发展，能力为重，以人为本，与时俱进"的基本原则。如在仁爱版七年级英语Unit 3 Topic 2的教学中，教师设置了思维导图，引导学生学习词汇的扩展、短语的形成、句子的生成，结合句型"What does he/she do? Where does he/she work"进行小组互动，由浅入深，学生都乐于参与其中。教师再引导学生结合人物的年龄、外貌等要素完成口头表达"My Family"就不难了。

3. 多用思维导图，优化阅读教学

目前，初中英语阅读教学主要采用的教学模式是：教单词→讲解语言点和语法→讲解课文→进行适量的练习，巩固知识点→朗读→复述或背诵。这种模式容易使学生只满足于背单词、语法、课文，形成一种抽象的死记硬背的语言学习方式，而使用思维导图可以很好地优化该教学模式。

如何使用思维导图优化阅读教学呢？教师可先了解阅读材料的篇幅，再制作思维导图。针对篇幅适中、生词少、文章结构和层次清晰的阅读材料，主要以学生独立阅读并制作思维导图为主。在这个过程中，教师只是起到点拨、帮助的作用。对于篇幅长、生词多、文章结构复杂的阅读材料，先由教师呈现思维导图，帮助学生整体理解文章；然后根据中心主题和主干提出问题，学生带着问题分部分阅读，用罗列式的思维导图解决"5W+1H"的问题，突出重点，关注细节，加深理解；阅读后，学生可以在小组内进行分享和交流，此时教师在多媒体课件中利用思维导图呈现答案的关键词，帮助学生梳理知识点；最后，教师引导学生根据思维导图的提示复述课文内容，也可以鼓励学生选择自己感兴趣的部分进行复述或描述。因此，阅读教学往往会在课前、课中、课后使用多张思维导图来完成对阅读材料的表层理解、深层理解、评价性理解和综合能力反馈等教学活动。

4. 善用思维导图，优化写作教学

写的技能是听、说、读、写四项技能中最难培养的。在教学过程中，教师结合学生在写作中遇到的问题和困难，运用思维导图帮助学生逐步掌握英语写作的思维方式、写作步骤、细节分析等技巧，学生一定能写出地道、流

中篇 善思

利的英语文章。

运用思维导图辅助写作教学分六步进行：①确定文体，数清要点。②分析材料，列出提纲。③遣词造句，适当拓展。④查漏补错，力求无误。⑤相互评价，取长补短。⑥整理成篇，行文连贯。如话题写作My Eyesight，学生在下笔前先阅读文本，采集要点信息，立意精准到位，然后围绕话题发挥想象力及空间思维能力进行谋篇，根据写作要素动手制作一张简单的思维导图，把相关的要点及句型列出来，包括好头好尾的常用句式，如"It says that eyes are the windows of our heart" "It is important for everyone to keep good eyesight" "Let's prevent..."等，以及主干部分的细节叙述，如"How to use your eyes? And the results..."等，再进一步修改、补充思维导图的子主题，并尝试把思维导图做线性的连贯陈述，确定最佳陈述顺序，然后动笔写作，注意用语要规范。这种方法能有效地帮助学生提高写作技巧，使其文章结构更加清晰合理。

此外，语法课、阶段复习课时使用思维导图辅助教与学能够促进学生对语义知识与形象知识的连接，以旧知促新知，不断建构、累积、协作、反思，大大提高学习效率。

思维导图逐渐进入课堂教学中，其好处显而易见。虽然目前我们利用思维导图软件（Mind Manager）进入英语课堂的实践经验还不是很丰富，但随着信息技术的普遍应用，相信在不久的将来，我们的课堂教学会更高效，更精彩！

过程写作教学法在初中
英语教学中的应用

　　听、说、读、写构成英语教学的有机整体，而写是教学的重点，也是教学中最为薄弱的环节。近年来，中考英语写作话题变得越来越灵活，越来越贴近学生的学习与生活，而以"话题—学生写作—教师批改、讲评"为主线的传统的成果写作教学模式过分注重写作结果，学生在写作过程中更多的是机械式模仿，表达能力和写作水平始终不高，甚至对英语写作产生畏惧心理。同时，学生对写作缺乏合作、竞争意识，认为写作始终是个人行为，要提高写作水平，就要不断改正自己的语言错误。教师以学生的习作作为最后的成果来修改、评分，批改时重点往往放在语法、词汇、拼写上，逐字圈改，耗时费力且收效不大。这样的写作教学模式效果不明显，主要原因是：写作教学目标不明确，缺乏对知识的拓展和延伸；教学内容形式单一，不能对教学内容进行深入挖掘，无法体现写作教学内容的主次；教学设计缺乏连贯性，无法把所学内容联系起来形成一个贯穿始终的任务链。

　　基于如此状况，我尝试对英语过程写作教学开展行动研究，把过程写作教学法应用到初中英语教学中，试图改进传统的写作教学方法，寻求更有效的写作教学策略，以提高学生自主写作的能力，提高英语写作教学的有效性。

中篇

善思

一、初中英语写作教学分析

1. 过程写作教学法

过程写作教学法兴起于30多年前，以建构主义的生本、互动理论为基础，认为教学活动应以学生为中心，最大限度地调动学生学习的主动性和自觉性，教师只需要帮助学生理解和内化写作的全部过程，包括信息收集、制订计划、写草稿、同伴评议和合作修改等环节。过程写作教学法表明了写作是一个循环式的心理认知过程、思维创作过程和社会交互过程，写作者通过写作过程的一系列认知活动、交互活动，提高认知能力、交互能力和书面表达能力。教师可以在过程写作法的指导下循序渐进地训练学生的英语写作能力，促使学生写作能力的逐步提高。

过程写作教学法有别于传统的写作教学法，是一个动态过程，应以过程指导为核心，而不是着眼于最终的写作成果。其教学步骤大致为"写前活动—拟写初稿—小组讨论—改写初稿—教师反馈—修改并定稿"，旨在把教学的注意力从评价、评估学生的作品转向帮助学生更好地认识写作过程，并在整个写作过程中酝酿、讨论、起草和修改等，有助于学生提高写作能力。

2. 话题写作课

本节课的主题是中考英语24个话题写作复习之一Modern Technology，包括新发明和新科技。众所周知，日新月异的科技已为我们的学习、生活带来了翻天覆地的变化，学生对电子科技这一话题有着浓厚的兴趣，因此这一话题无论是新授课还是复习课，对学生来说都是很有吸引力的。教师基于学生已有的知识和经验，以"Modern Technology"为主线，通过创设情景、复习旧知、解决难点、构建提纲、小组合作、教师反馈等方法，设计符合学生实际的阶梯式写作任务，帮助学生在有效的时间内不知不觉地完成写作，激发学生的写作潜能，提高教学效果。

二、过程写作教学法的实施

（一）写前活动（Pre-writing）

1. 创设情景，引出写作主题

活动1：头脑风暴。教师设计竞猜单词游戏，通过一条条提示，学生猜出了与生活息息相关的单词，而单词的呈现也恰恰反映着科技的不断革新，引出了"Modern Technology"这一话题。

活动2：看图忆词。教师以1图/秒的速度呈现以10张图为一组的科技产品图片，让学生尽可能多地记住并回忆出来，如camera、fridge、mobile phone、computer、washing machine、satellite、rocket、robot、spaceship、bicycle等。在这一呈现环节中，个别学生还说出了其他与科技相关的单词，说明学生对教学主题已经有了初步的了解。

活动3：教师呈现有中文词汇的PPT，学生一眼便看出跟刚才看图忆词的科技词汇是一样的，马上又激活了兴奋点，一下子完成了12个名词的复习。再看下一张PPT，还是科技名词，但不再是纯粹的科技名词，而是与科技相关的抽象名词，如exhibition、invention、science、information、technology、advantage、disadvantage、development等。学生有了前面的单词铺垫，对这些抽象单词摆出了"兵来将挡"的架势。画风一转，到了第三张词汇PPT，全是与科技相关的形容词，如comfortable、modern、popular、great、convenient、rapid、electronic、dangerous、safe等，这对学生来说已经是"水到渠成"了。

经过三轮的单词风暴，学生对"Modern Technology"这一话题的写作做好了充分的词汇准备。

2. 温故知新，导入写作主题

活动1：写作总是词不离句。有了之前的单词基础，教师趁热打铁，出示了一系列有关高新科技在人们生活中的作用和启示的句子，如Nowadays, Internet plays a very important part in people's life. / Great inventions have changed the way we live. / We should make good use of technology to make our life more convenient.等。从短语的归纳到句子的引出，都离不开科技的发展。这些句子不是重在复习，而是重在启发学生发现问题的意义是解决问题，以帮助学生导入本节课所聚焦的写作主题"Modern Technology"。

活动2：耳闻不如目染。接下来是一段"未来生活科技"的视频，展示在学生眼前的是我们未来一天的生活，包括衣食住行都因为现代科技而变得那么便捷、舒适，科技无处不在。有了这段直观深入的视频，更容易使学生对写作话题产生认同感。教师适时引导学生点评科技、交流观点，想方设法打开学生的思路，激发学生的写作动机。同时，明确本节课的写作任务：结合学校、家庭或自己的亲身经历，谈谈某项现代科技给我们带来的变化，请以"Technology is Changing Our Life"为题，写一篇80字左右的短文。此时，学生对习作的主题已基本有了自己的观点，并对文章的整体框架有了初步的构思。

（二）写中活动（While-writing）

1. 拟写初稿（Drafting）

根据给出的题目"Technology is Changing Our Life"把初步构思（诸如科技对生活的改变、对现代科技的看法、对未来的科技有什么愿景等）用文字表达出来是写作的主要阶段。动笔前，教师应引导学生关注文章的整体架构，对文章结构进行全局把握，主要部分由Appearance、Features和Ending三大部分组成。教师还应关注学生的差异性，必要时还要对各部分架构进行点拨。

在这一阶段，学生已把构思的结果拟成初稿，教师应鼓励学生尽量放开去写，不必过于顾及表达的外在形式，并细心观察学生的写作活动，善于发现问题，及时进行指导，还要适当记录学生的典型问题。

2. 小组讨论（Discussing）

完成初稿后，分小组互相修改，同伴之间交流观点。在这一阶段，学生首先应把讨论的重点放在内容上，例如文章的引言、中心、结束语等。至于语法、拼写、标点符号等问题则在后一步处理。教师要鼓励学生参与合作学习，尤其要关注写作能力较弱的学生，让他们在团结协作中积极参与，从同伴那里得到帮助和提高；适时引导学生，并提供必要的帮助。

3. 改写初稿（Revising）

通过小组讨论，根据其他同学提出的意见，每名学生对自己的初稿内容加以修改。事实上，学生往往在交流讨论的过程中产生新的想法，从而写出内容更充实、结构更合理的第二稿。语言能力和表达能力稍弱的学生在与同伴的讨论交流中也有收获，从而有效避免无话可写或无从下手。在这个环节中，教师简要传授必要的修改策略，并要求学生检查语法、拼写等错误。

（三）写后活动（After-writing）

1. 教师反馈（feedbacking）

教师在学生的讨论过程中通过细心观察总结学生出现的典型问题，及时向学生提供指导性的反馈。值得注意的是，在写作教学过程中，当学生需要帮助时，教师可以从写作的体裁、结构、表达等方面对学生进行引导，使学生从中领悟到写作的方法和技巧。

2. 师生评改（Appraising）

习作评改是写作教学非常关键的环节。根据中考英语话题写作分值，从习作的要点齐全性、语言准确性和流畅性等方面来评改。第一步是小组内学生A、学生B轮流评改学生C的习作并打分，以此类推，保证每一份习作至少有两名学生评改；第二步是教师在课堂上抽评和展示不同梯队学生的习作，及时点评存在的问题；第三步是课后收集习作由教师统一评改。这种互相协作的评改方式大大增加了学生锻炼的机会，规范了学生的写作习惯，有效提高了学生的整体写作能力，提高了教师的作文评改效率。

教学实践证明，引进竞争及评价机制，生生互评、师生赏评、教师细评有机结合能更好地激发学生的写作兴趣和参与度，使每一名学生都能得到发展。

3. 修改并定稿（Rewriting）

教师评改的有效性取决于学生是否对评改后的作文做出反应，因此教师应鼓励学生反复修改作文，最终生成终结性文稿。教师可以利用班刊、墙报、博客等形式展示优秀作品，以供其他学生借鉴，以此培养学生形成分享、交流、学习、评价的良好习惯。经过学生反复修改，现将一篇优秀文稿展示如下：

With the development of science and technology, our life has changed a lot. In the past, we communicated with others only by writing letters. If we wanted to see a movie, we had to go to the cinema. People usually got information from newspapers or radios. But now we can keep in touch with others by telephones or emails. And we can watch a film on TV or on the Internet at home. What's more, we can surf the Internet for some information easily.

In my opinion, great technologies have changed the ways we live. And they allow us to do what we have never dreamed of.

I hope all of us will try our best to create more technologies to make our life better and better.

三、结　论

过程写作教学重在过程，旨在通过写作活动提升学生英语写作的兴趣，巩固语言知识，增强写作技巧。教师在日常教学中要善于以话题为主线，构建知识体系，帮助学生归类整合教材内容，为写作积累素材；设计写作任务时应依据话题、立足中考，创建真实的情境，让学生有话可说，有料可写；指导学生构建基本的写作框架，让学生有章可循；当学生完成语篇输出任务时，做到及时反馈和评价。

总之，初中英语教学中恰当运用过程写作教学法既发挥了教师的主导作用，也充分尊重了学生的主体地位。在写作过程中，教师提示、启发、引导学生探索新知，学生唯有得到充分的实践机会，才能更好更牢地学会知识，掌握写作技能。

初中英语有效教学范式推进研究

实施新课程以来，基础教育教学领域又一次开始关注在新课程理念下如何实现有效教学的研究，并主张通过科学的观察和测量来考查教学的效果、效益、效率，即"教学的科学"，更多地关注人格形成、生命关照等在教学中的意义。鉴于此，我校英语科组开展了初中英语有效教学范式推进研究。所谓教学范式推进，就是贯穿新课改的"以创新精神为核心"和"以学生为主体"的理念，要求教师在教学过程、课程评价和教学资源的开发和利用中，打破原有教学模式的束缚，创设高效的教学活动，建立接纳性、支持性、宽容性的课堂学习氛围，激活学生的自主、能动、创新意识，让课堂"act"起来，构建新的、开放性的英语教学体系。教学范式推进是以《英语新课程标准》为基准，以教师为主导，以学生为主体，通过有效备课、有效课堂、有效评价，进一步推进英语课堂教学的创新，使其成为更高效、更具活力、更好地适应各种学生群体完成英语学习目标的教学模式。

一、有效教学范式推进研究的实施

我们以有效教学理论为指导，对三个年级的英语教师进行分组，将不同的教学板块交叉搭配，设计统一可行的教学活动模式，做到既分工又合作，互帮互学，共同探讨和实施有效教学范式，在课堂教学中不断进行验证，探求具有实践意义的策略，最终实现高效课堂。

1. 不断学习，吸收内化

学习是教师夯实专业成长、形成范式教学的基础。科组组织英语教师学习相关资料，领会有效教学范式推进的实质；组织英语教师参加分组培训，确定各自的研究方向与重点，了解和熟悉有效教学范式和课堂教学流程，积极探讨与实验模块相适应的教学结构。此外，我们还向文本学习，向同行学习，同时引导教师积极参加市、区组织的各级各类教学教研活动，认真阅读有关书籍，自觉学习有关理论，认真撰写读书笔记和教学后记，使之最终内化为每位教师的自觉行为。

2. 不断实践，苦练内功

英语课组构建了"教研组—备课组—个人"三级学习网络，建立了科组引学、个人自学和年级学习三位一体的学习机制，创造条件让不同阶段的教师在自己的位置上找到发展的突破口。

（1）英语教师按照有效教学范式的程序进行备课。基于仁爱版《Project English》单元结构基本一致的情况，各备课组集体备课、分工协作的同时要求各年级同一模块的教师进行统一、有效的教学范式探究，目的是让更多的教师能互相学习、互帮互助。

（2）各备课组每月必须开一次阶段性总结会议，依照范式总结得失。科组每月召开一次汇报会，解决教学改革中的问题，为课堂改革出谋划策。英语教师全员参与有效教学范式的精品课展示，并以此范式积极参与校内外的公开课比赛。另外，对英语教师进行多次跟踪听课，认真指导，并有详细记录，听课记录和教案等相关资料存档。

（3）在科组内展开实质性研究与实践，同时通过开展多种活动强化、规范研究过程，形成相应的研究成果，包括专题论文、优秀课例、教学案例及个人总结等，鼓励教师撰写论文，共同分享研究成果，提高科研能力。

3. 借助外力，提升自我

英语科组经常开展"请进来"和"走出去"的活动。"请进来"即经常邀请江海区英语教研员及兄弟学校的优秀英语教学能手到我课题组传经授典、指点迷津，共同探索教学范式推进的策略，使教师能在新观念、新理论的指导下不断提高对教学范式的认识，对英语教学范式的推进起到积极的作用。"走出去"即学校非常重视以研促教抓实效，出资选送骨干教师参加各种培训活动。近年来，学校选派了郑钰玲、钟燕青、冼燕彬、吴香菊四位教师分别赴郑州、深圳、江苏、上海等地学习。青年教师是学校发展的明天，学校特别关注和扶植青年教师成长，建立"名师培养工程"，英语科组的钟燕青、冼燕彬两位教师都是学校名师培养对象。同时，英语科组的教师都积极参与和兄弟学校的交流活动。这些活动都使得英语科组教师队伍的整体素质有了极大的提高，为学校开展教师教学范式推进研究奠定了坚实的基础。

4. 展示个性，提供舞台

英语科组定期组织不同年级、不同课型、不同模式的教师参与教学观摩活动，为教师提供展示自我的舞台，并通过现场展示会、经验交流会等形式促使教师相互取长补短、分享经验，鼓励创造性工作，共同成长。钟燕青老师参与每学期学校的名师培养展示课；吴香菊老师参加江门市"市直、三区英语教学优质课选拔赛"，荣获二等奖；冼燕彬、邝立红老师参加2012江海区"教学+反思"大赛，荣获一等奖。

二、教师形成风格各异的教学范式

通过多年的教学实践，全体英语教师以主动认真的态度投入到教学研究的活动中，每节课做到积极准备、精心设计，体现自己的教学特色，初步形成了有效的教学范式。

1. 听说课型范式

（1）听说教学遵循的原则。听、说领先，以学生为主体，以教师为主导，循序渐进，培养学生的听说能力（即学生捕捉信息的能力、预测的能力、做笔记的能力、大胆开口说英语的能力），明确、具体、全面地设计教学目标，同时兼顾情感态度、学习策略、文化意识的渗透。

（2）建立图式。仁爱版初中英语教材各Topic中的Section A与Section B都注重听说能力的训练。听说课前要告诉学生应注意的问题以及方法技巧。听说课中要集中注意力，抓住关键词，或是做一些简单的记录。

（3）重组教材。以仁爱版九年级Unit 1 Topic 2 Section B关于population话题为例。从2a数字的教读与听说入手，学会million、billion等较大数字的表达，接着进行1b的口头表达"What's the population of...?"。在学生初步建立听说较大数字能力的基础上完成2b听写数字以及与对应图片连线。教师视学生情况可提高难度，进行听写数字练习。在完成一系列对数字的认知后回到1a进行听说训练。首先让学生带着问题去听，根据学生实际适当停顿或重

中篇 善思

复，回答问题时讨论人口增长的问题、控制人口数量的必要性等，激励学生用完整的英语句子说出答案。

（4）输出活动。根据图、表格、听力题目等资源说话、写话、跟读、分角色朗读、表演、简述等，尽量做到全体参与，语言的训练形式侧重于学生交际能力的培养。但学生听说能力的提高只靠课堂上有限的时间是不够的，要充分调动学生学习的积极性，采用多种练习形式，使学生能够在课后进行一定的听说训练，听说和读写相结合，循序渐进。

2. 阅读课型范式

（1）有效导入。为激发学生的阅读兴趣和参与热情，活跃课堂气氛，为后续的阅读活动做准备，教师要精心设计导入过程，选择并引入各种能激发学生想象、与主题有关的视频、音频、图片、文字等，吸引学生的注意力。对于知识化和生活化的阅读材料，教师可通过一些问题来引入，把学生的现实生活知识与所学知识联系起来，既可以调节课堂的气氛，又能促进学生对知识的理解，完善其认知结构，并体会阅读材料的内涵。

（2）创设阅读任务。面对阅读材料，教师要根据体验学习和任务型英语教学的理念、学生的身心发展规律和认知结构来重组任务，既要备教材，又要备学生。在阅读教学中，教师要整体把握阅读材料与所学知识内容，创设几个主要任务贯穿于教学主线，让学生自己探索解决。如在学生快速扫读完阅读材料后，教师给出一些"Yes / No"的问题；为课文选择或添加标题，根据所读内容画图、标图、连线、填表、排序、补全信息、判断对错等，要求学生快速回答，以加深对所读文章的印象和理解。另外，阅读任务的创设要考虑到培养学生推理判断的思维能力，教会学生在仔细阅读全文的过程中吃透文章的字面意思，捕捉有用的提示和线索，对表面信息进行加工、分析、综合判断，把握句、段之间的逻辑关系，了解语篇结构，有时甚至还得考虑作者的主旨倾向等因素加以推理，才能获得正确的信息。这种阅读策略的培养在英语阅读教学中尤其重要。

（3）开展实践活动。阅读的后期活动要激活想象，展开讨论。师生根据所读内容进行角色扮演、分组讨论、共享信息，或进行改写、仿写，或将其转化成现实教学的形式，向学生展示真实的语言环境，充分调动学生的眼、耳、脑、口对语言信息的综合反应，使学生有身临其境之感，从而激发其学习的兴趣与主动参与的愿望。如Unit 2 Topic 2 I must have a good rest. Section C的阅读后期活动可让学生小组讨论"How to keep away from germs？"，让学生展开想象，联系生活环境和创建文明城市的现实问题，鼓励学生自由发挥，将本课所学的有关建议及表示必要性的情态动词、个人卫生习惯等知识点综合运用，使学生把本话题所学的知识及目标语言有效应用到生活及人际交往中。

3. 写作课型范式

学生写作能力的提高不是一蹴而就的，需要不断地训练、积累。写作训练是一个长期的过程，正确的指导和规范的训练对培养学生良好的学习和写作习惯是很必要的。教师在教学实践中应不断探索和尝试简捷而有效的英语写作步骤——六步写作法。

第一步：确定文体，数清要点。

第二步：分析材料，列出提纲。

第三步：遣词造句，适当拓展。

第四步：查漏补错，力求无误。

第五步：相互评价，取长补短。

第六步：整理成篇，行文连贯。

三、有效教学范式的推进能促进师生发展

1. 提高了教师备课的质量

备课是上课的第一步，教师必须深入钻研教材，准确把握教材的重点和难点，整合课程资源，把握学生学习的具体特点，对课堂教学的程序进行精心设计。在课题组研究的基础上，我们按照"自主备课（对学生、课程、情境等资源进行设计和应用）—集体备课（文本、面对面、网络群）—教学中备课（把握好预设与生成）—教学反思（教师反思个人、教师反思学生、学生反思教师）"的步骤开展实验，使教师掌握有效备课的基本实用策略，真正起到群策群力、吸众人之长补己之短的作用，显示出省时、高效等优点，逐步缩小差异，提高教师有效备课的效率，形成了我组教师备课的特色。

2. 促进教师有效教学的可持续提高和发展

科组开展实践的过程亦是教师不断反思、不断进步的过程。我校教师在不断学习、探索与反思中逐渐真正做到深入文本、以生为本、规范流程，加快了教师的专业化成长，从而真正成为新课改的实施者、推动者和创造者。教师根据研究目标，在教学中对教学内容进行了有效整合，对教学策略进行了有效选择，使课堂教学真正做到扎实有效，从而促进了教师的专业化发展。

3. 学生学习的成果明显提高

课堂教学的有效性是教师与学生的和谐发展，是知识、能力与兴趣的有机统一。一年半以来，经过实践，教师在备课时重视学生学习动机的激发、学习策略和注意力的培养，制定适宜的教学目标，突破重点、难点，在教学过程中特别注意把话语权还给学生，多让学生提一些富有批判性和创造性的问题，尊重学生的提问和表达，循循善诱，精讲巧练，培养学生积极参与学习活动的意识，并采用启发式、合作交流式的教学方法及现代化教学技术手段提高教学效能。调研测试分析显示，我校英语成绩在原来的基础上有了明显提高。

4. 推动学校的教学研究工作走向科学发展、特色发展、可持续发展的科研轨道

通过参与研究，英语科组教师和学生的各项素养得到明显提高，师生在教育教学实践中成为有效教学研究的有力推动者和实践者，有效带动了学校教育教学专业化水平的快速提升。2011年4月，我校英语科组被授予"江门市先进班组"称号。

四、存在的问题

通过一段时间的实践，英语科组教师普遍认识到，要形成有效教学范式不能只研究教学原则，还要在教学策略层面上下功夫。但如何根据实际情况选取有效的教学范式和教学策略令教师感到为难和困惑，需要专家指点，也需要在实践中不断发现、修正。

五、今后努力的方向

1. 更新观念——为自己而研究，研究即教学。一位教师在专业成长的道路上能走多远主要取决于他思想的高度、研究的深度、执行的力度，当然，关键是思想的高度。

2. 保持梦想——有理想追求和奋斗目标。凡是成功的人都有自己的梦想，都明确奋斗的目标。

3. 深入研究——继续学习和研究名师、优秀教师的有效教学范式，进一步深入探究，最终在全校形成有效教学范式教学研究的局面。

从有效课堂教学的推进看中学教师的专业化成长

随着我国现代化步伐的迈进和教育事业的发展、新课程改革的不断深化，社会对优质教育的需求愈加迫切，教师专业化已成为当前师资队伍建设的基本方向，提升学校的教育教学服务水平，打造一批适应新要求的教师队伍势在必行。为此，我们在有效课堂教学的推进历程中做了一些尝试和探索，以引领教师积极开展有效教学的研究和实施，切实促进教师的专业化成长。

一、有效教学

有效教学（effective teaching）的理念源于20世纪上半叶西方的教学科学化运动，刚开始只是被看作一种艺术。随着后来科学思潮的影响，以及心理学特别是行为科学的发展，人们意识到教学也是科学，于是开始关注如何用观察、实验等科学的方法来研究教学问题，有效教学就是在这一背景下提出来的。有效教学主要是指教师在一种先进教学理念的指导下，经过一段时间的教学，使学生获得具体的进步或发展。它既是一门理论科学，也是一门应用科学；既要研究教学的现象、问题，揭示教学的一般规律，也要研究利用和遵循规律解决教学实际问题的方法策略和技术。教学有没有效益并不是指教师有没有教完内容或教得认不认真，而是指学生有没有学到什么或学生学得好不好。如果学生不想学或者学了没有收获，即使教师教得再辛苦也是无效教学。同样，如果学生学得很辛苦，但没有得到应有的发展，也是无效或低效教学。为了避免类似现象的出现，教师必须关注学生的进步和发展，确立学生的主体地位，还要关注教学效益，即单位时间内学生的学习结果与学习过程综合考虑的结果，而不要简单地认为花最少的时间教最多的内容就是效益。此外，教师还需要掌握有关的策略性知识，以便自己面对具体的情景提出策略，做出选择，使课堂教学真正有效地开展。

二、教师专业化成长

教师的专业化发展是指教师以完善自身素质（包括知识、教育教学能力、情感等方面）为目标，通过在教学实践中的不断学习和提高，不断接受新知识，增长专业能力，独立建构自己的知识和能力体系的过程。这个过程既需要先进的教育理论指导，又需要教师创造性地运用一定的理论，以解决实际教学中的具体问题。因此，教师不仅要在自己的学科专业上是行家，还需通晓育人的艺术，掌握网络信息技术，用科学的理论充实自己，用理念支撑课堂教学，并积极争取所在学校提供专业发展的教育机会。另外，学校应努力构建学习型组织，为教师的专业化发展创设良好的学习环境，使全校教职员工能全心投入，在真正意义上使所有参与学校教育过程中的人——学生、教师都得到发展。

教师专业化成长与构建有效课堂是当前教育的两大主题，两者之间是相辅相成、密不可分的。要深化教育改革、提高教学质量，就需要有效教学。推进有效教学，学校必须加强校本教研，方能更深入地理解有效教学。教师要实施有效教学，就必须不断提高自身的教学技能和专业化水平。

三、教师的专业化成长是推进有效课堂的基础

（一）教师专业化水平的高低决定课堂教学的成效

教师要想很好地完成教学任务，必须运用一定的专业知识和教学手段驾驭教材，才能深入浅出地进行教学，才不至于出现课堂冷场的尴尬局面。课堂的有效性离不开教师的专业素质，而教师专业素质的提高也离不开教师的专业成长。

中篇 善思

119

（二）提升教师素养水平，推进有效教学

随着现代教育对教师的要求越来越高，新课程的实施就更需要教师专业化的成长和发展。提升教师素养水平、推进有效课堂教学是促进教师专业化成长的一条行之有效的道路。

1. 鼓励学习研修，提升课程意识

在积极推进有效教学的实践中，为人师者应该常徜徉于奔流不息的知识海洋之中，常教、常学、常新。新课程教育是全面、和谐的教育，是让学生得到与之身心发展相一致的教育，这就要求教师进一步加强自身的学习，不断增长职业智慧，使教学闪耀着睿智的光彩。为努力将教师群体构建成学习型的组织，学校采用了多种形式培训教师，如为教师争取机会参与上级教育行政部门组织的各类教育教学培训，积极加大对教师的校本培训，鼓励教师参加自我培训，从而为广大教师创造了继续教育、终身学习的良好环境和条件，也能全方位地帮助教师实现专业成长。通过学习，教师的内心变得开放、鲜活、细腻、温柔，克服了对教学的倦怠感，使教学总是充满活力和内在的感染力。

2. 形成个性化教学风格，提升实践能力

有效课堂教学的推进造就了一批有独特教学风格的教师，他们在教学实践中学习，模仿名师丰富多彩的教学风格和教学艺术，汲取和借鉴名师的经验，在实践中尝试、运用，在运用中反思、感悟，逐渐掌握真才实学，形成自己的教学特色。凡事实践得真知，经过多年的千锤百炼，相信教师们从教材内容的处理、方案的设计到方法的选择、过程的组织等，都能表现出多样性与稳定性、灵活性与独创性的有机统一。同时，教师注重积极钻研业务，厚积薄发，并且充分发挥自己睿智的思维，不断创新自己的教学模式，使教师的专业成长之路焕发光彩。

3. 养成教学反思习惯，提升总结能力

美国大教育家杜威认为，反思是处在直接经验的情境之中，是从疑惑的状态中形成的思考形式。作为教师，应该具备反思意识。为此，在有效课堂改革中，有些教师注重反思自己在课前、课堂和课后的教学行为，主动寻找问题，对一些有价值的问题进行实践—研究—反思，不断寻求改进，使自己变得聪明起来；有些教师把平时对教育教学实践的认识与感受，或者行动研

究过程中反思的心路、结果和心得，用文本的形式予以记录和表达，这些都是促进教师专业化水平提高的积极有效的手段。教师专业化的成长必定会造就一批高素质的教师，高素质的教师便能上出一节节精彩纷呈又高效的课。反之，通过推进有效课堂的一系列活动，也能促进教师的专业化成长。

四、推进有效课堂是促进教师专业化成长的有效途径

1. 以交流为平台，让教师在合作中立足

有效课堂教学的推进离不开教师之间的合作交流。教师之间的互动能够使工作建立在互信互谅的基础上，形成共同的价值观以及心理支持的氛围。材料、计划等的分享及共同努力能够使教师形成集体参与教学试验的动机，共同促进教师的专业成长。

2. 以活动促提高，让教师在参与中成长

有效课堂教学的推进离不开教师在课堂教学活动中的参与和实践。学校倡导把课堂作为教师成长的主阵地，开展一系列校内、校外各级各类的观摩课、比优课或示范课，组织教师参与其中。校内公开课为教师提供了一个真实的研讨情境，大家互相听课，互相借鉴和研讨，从中找到课堂教学改革的方向。各级各类的观摩课、比优课或示范课被赋予代表一所学校或一个地区教学水平的重任，往往是一节公开课倾注了全体教师及相关专业人员的先进思想和集体智慧。教师精心雕琢的过程是师师之间互相启迪、全面反思自己日常教学行为的好机会，从而使自己的课堂教学日益精进。公开课一般都要经历同课多轮的锻炼，这个过程又是教师深度思考、反复琢磨、集思广益、不断改进的过程，给教师带来的专业体验和行为跟进是常态课无法比拟的。经过公开课的打磨，教师对如何把握教材、如何把握学生、如何设计课堂的每一个环节都变得十分清晰，上完课以后也可以从评课教师那里反馈自己的优点与不足，多一份专业引领。如果教师把公开课写成课例研究报告，那更对专业发展大有裨益。在追求有效教学的道路上，教师将不断地成就自己。

3. 以教研为先导，让教师在课题研究中沉淀

有效课堂教学的推进离不开教师对教育教学的研究。教科研既是推进有效课堂的强大动力，也是促进教师专业成长的有效手段。正如有些专家所说："教学就是研究，教师尤其是一位好的教师，必须是一位教育科学研究

者。"为此，学校积极引导教师带着课题进课堂，带着课题参与教研，促进教师逐步成为一位自觉对自己的实践不断反思的"反思践行者"。

提高教师教研水平需要让教师融于课题研究之中，亲自体验，在研究的过程中发现问题，解决问题，在研究中锻炼能力。不同研究方向的课题促使教师结合新课程中的主题教育教学内容制订相应的实施计划。科研进展如何已经成为教师自我审视的一个很重要的内容。加强教学研究可以促进先进教学经验的提炼和传播，有效提高教师改革教学实践的能力，为教师的专业成长搭建广阔的舞台。

五、结　语

总之，教师专业化成长与有效课堂教学的推进是相辅相成的。在今后的工作中，我们要围绕有效课堂教学继续开展扎实有效的活动，促进教师的专业化成长，也让教师的专业化成长更好地为有效课堂教学服务，让教师的专业水平与有效课堂教学的推进齐头并进！

探析课例反思实践模式，促进英语
教师专业发展

强校先强师。教师的专业发展日益成为热点问题，提升教师的专业化能力已成为当前师资队伍建设的一个努力方向。教师的专业能力不在于年资和经验，而在于对学习者的了解、对新课程资源和信息技术的整合应用、对自己教育教学行为的思考等。课堂教学的实效性是教学质量的保证，教师专业能力的体现重在课堂，课堂教学实践也蕴含着教师专业成长的丰富的学科教学知识，因此，开展课例反思的实践与探究是促进英语教师专业发展的有效途径。

一、教师专业发展现状

近年来，纵观校内外的一些英语教研活动，各方面的表现比以往都有了明显提高，但仍存在两大问题：一是部分骨干教师学历层次偏低，个人职业规划意识不强，专业化能力没有适时提升，甚至出现"停滞不前"的倾向；二是一些青年教师对英语教学认识比较含糊，课堂教学行为出现"走过场"或过于"成熟稳重"的现象。教师如何正视这些问题，并对自己固有的专业化能力进行思考，对落后或退化的学科性知识和专业知识进行学习补充，是具有挑战性的课题。为此，英语教师务必积极开展基于有效课堂教学的课例与反思的实践研究，让教科研走进课堂，探索改进策略，才能更具体、更有效地促进教师的专业化发展。

中篇 善思

123

二、课例反思自述

很多人都把课例等同于案例，其实不然。何为课例？严格意义上的课例即课堂教学实例，是包含疑难问题的实际教学情境的描述，是教学过程中的故事，描述的是课堂教学过程中"意料之外、情理之中的事"。专业意义上的课例是指对一堂课的教学实录进行的阐释，强调对上课事实进行详细的罗列以及简要的评析或反思。而泛义上的课例是一节节具体的课，并以这些具体的课作为研究对象，强调教研活动的组织，重在求得研究实效，如改进课堂、碰撞思维、提高教师能力等。本文所阐述的课例是泛义上的课例，其结构主要包括三个部分，分别是围绕解决教学问题的教学设计、教学实录和教学反思，其中教学设计是解决问题的方案（教学预期）；教学实录是解决问题的做法（教学生成）；教学反思则描述了教学预期的实现程度，也就是问题解决的效果（教学评价）。

课例与反思的实践不等同于传统的磨课，有主攻的主题和方向，立足日常的课堂，聚焦课堂教学中一些典型性困惑或棘手的问题。除了有目的的典型研讨、课例叙事、同课异构外，还可以对偶发性课例、案例的综述、科研的延伸等进行探究，解决不同层面的具体问题。对英语教师的课例与反思展开探讨，其目的是充分调动教师的主体作用和合作精神，分析教师专业发展的需求。通过对授课教师不同课型的课堂教学活动进行分析、整合和反思，使其更深入了解和反思自己的教学行为、学生的学习行为，以及师生、生生之间的互动、课堂技术的运用等，不断改进和完善教师的专业知识体系，提高专业素养和业务水平，力争成为适应现代教育需要的教师。

三、课例反思的实践模式

课例反思是一种以解决问题为中心的教研模式，以课例为载体，采用个人反思、同伴相助、专家引领的团队协作方式对教师的授课展开"三段式"（初始教学行为阶段—重构教学行为阶段—生成教学行为阶段）推进研究。这一实践模式能促使教师在专业思想、专业知识、专业能力等方面不断完善，主动加快专业化成长的步伐。

（1）初始教学行为阶段。直面教师的专业化能力现状，通过课例反思的专业引领，帮助教师重构专业化体系。

初始教学行为阶段首先以问卷调查或访谈的形式初步了解教师的专业化水平及发展现状。教师确定研究方向后选择不同课型进行个人备课，独立撰写教学设计。继而是教师说课或上研讨课，表达个人的教学观念、对学生的了解和对课程的理解，展示授课教师初始的专业行为。课后与同伴、专家等就说课、听课进行第一次面对面的评课，有助于理清教学思路，找出存在的问题，共同拟定新的教学设计方向。

（2）重构教学行为阶段。着重于课例反思的过程性研究，让教师通过课堂实践和课后反思来检验和调整自己的教学行为，提升教师的专业判断和教学实践智慧。

在这一阶段，教师再次围绕集体备课中主要反馈的问题完成新的教学设计，如教学目标、学生情况、教学内容与教学方法都比初始阶段更加清晰具体。教师可在小组里简单陈述，说明新的教学设计意图和教学策略。继而在另一个班进行授课，展示新的课堂教学行为。预设教学任务的达成与否，对学生的学习情况及教学内容等方面的设计正确与否，都在这一环节中得到了检验。课中，团队教师在观课过程中对师生的教学行为做详细的记录。课后，团队教师对第二次授课过程进行专业性议课，协助教师完善和补充其课例。

（3）生成教学行为阶段。生成新的课堂教学形态，教师建立以自主更新为方向的专业化发展，形成自己的教学个性和风格。

教师结合团队的专业意见和建议不断反思学习，取长补短，继续完善不足之处，并再次调整教学设计或叙事性案例分析，完成最后的精品课例，必要时还可以进行第三次的教学展示。经过多次的专业引领和行为跟进，教师逐渐更新观念，把握研究的主攻方向，逐步生成专业化的教学行为，形成自己的教学个性，凝练个人的教学风格。

教师专业化能力不是一朝一夕或一轮跟岗实践完成后就可以快速提升的。教师通过共同研修，返岗后还要根据实际教学的需要进行多阶段多层次的反复实践和检验，才能体验到研究前后教学设计的显著改变，提升自我的专业化发展。

125

四、课例反思实践的意义

关于教师专业发展的研究有很多，以课例反思为导向，促进教师专业发展的具体实践强调教师团队的合作学习，有助于增强教师的总体意识，对教师的专业发展具有较强的助推作用。教师的专业化成长既是教育事业发展的需要，更是教师自身发展的需要。

1. 适合教师专业成长的生态环境已基本形成

课例反思实践是一种新的教师研修方式，也是促进教师专业成长的必由之路。当前，外在环境从政策落实、氛围机遇、技术指导、激励机制等方面都提供了支持性条件。课例反思实践聚焦课堂，以研代训，不断解决教学实践中存在的问题，以团队合作的方式进行反思和总结，促进教师自身教学知识的发展，提升专业素养。

2. 教师有追求专业成长的强烈愿望

课例反思实践是一种新的专业成长渠道，也是提高教师自身专业素质的捷径。时代呼唤教师的专业发展，对教师专业素质的要求越来越高。教师应有职业危机意识，自觉向内涵提高式发展。课例反思实践能及时解决教师教学中的实际问题，不断完善课堂教学实践，完善教师的专业知识。

实践表明，课例反思实践犹如一支活化剂，很好地激活了教师的教学理念和专业意识，让教师在团队共研的氛围中相互学习、快速成长，重建专业能力，也为同行提供可借鉴的研修方式。

生活有诗有远方，教学亦是如此，期待在教师专业发展的道路上涌现出更多的探寻者和追梦人……

探究信息技术环境下初中英语听说教学的有效性策略

初中英语新课程标准指出，学习语言是为了交流，英语教学的目的是培养学生综合运用语言的能力并最终形成用英语与他人交际的能力。为了进一步推动中学加强对学生英语听说能力的教育和培养，更好地满足当今人才选拔的需要，广东省中考英语实行英语听说考试，并计入中考总分，代替传统的听力考试。这无疑促进了各个学校对英语听说教学的重视，积极推动了素质教育的发展。作为英语教师，应该切实贯彻《新课程标准》的理念和要求，充分运用现代信息技术为现代教育带来的新手段，寻求提高学生英语听说能力的有效途径和教学方法，保证英语听说的有效教学。

一、当前初中英语听说教学中存在的问题

纵观初中英语听说教学不难发现，随着英语听说考试的开启，一线教师投入的时间及精力越来越多，但教学效果始终不明显，学生的听说能力没有得到长足的发展。究其原因，主要表现在以下几个方面：

1. 教师忽视平时的听说教学，学生缺乏必要的语言环境

由于师资力量和教学设备的限制，很多学校没有开设专门的英语听说课，即使开设了英语听说课也没能达到理想的效果。个别英语教师对听说教学的规划、实施缺乏思考和精心设计，只是对教材的听说文本做浅层的信息处理，学生没有得到很好的听说训练。课堂教学的侧重点只是语言知识的传

中篇 善思

授，以教师的讲解为主。教师将内容讲解完毕后就是习题的演练，学生很少有机会自由发挥，更不用说尽情地使用英语进行交流。尽管学生花了六年的时间学习英语，记住了很多的英语单词，学会了很多的语法知识，但由于缺乏相应的语言环境，仍旧是一句英语也说不出来，造成了所谓的"哑巴英语"。

2. 考什么练什么

有些教师和学生对英语学习的目标认识不足，单纯地认为学习英语是为了背英语单词，考个好分数。有些教师只是以英语听说的题型来对学生进行专项训练，权当听说教学；有些教师明白英语听说教学的重要性，但为了应付考试，只是按照传统的教学模式进行教学，致使英语教学完全忽略了听说的最终目标，也误导了很多学生认为学习英语就是为了拿高分数，这样的语言氛围严重地影响了学生听说能力的发展。如果学生费心费力地学习却不能实现个人价值，无疑徒增了学生的学业负担，而失去了学习语言的意义。

3. 英语听说教学忽略非语言工具的运用，教学模式化，实效性低

有些英语教师处理听说教学手段单一，教学目标笼统，忽略了如多媒体、图册、音像、视频等非语言工具的运用，致使英语学习变得空洞、抽象，甚至难以记忆和运用，教学的模式化也难以激发学生参与教学活动的兴趣。有些学生由于英语基本功不够扎实，不愿意在课堂上用英语表达，产生畏难情绪，逐渐形成心理障碍。而且目前绝大多数学校都是大班教学，班级人数多，教师不能给全部学生展示、操练的机会，这样学生的实践机会就更少了，以至于听说教学的实效性较低。

二、运用信息技术提升英语听说教学水平的有效性策略

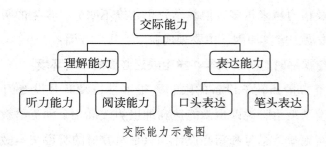

交际能力示意图

语言技能包括听、说、读、写四个方面的技能以及这四种技能的综合运

用能力。听和读是理解的技能，说和写是表达的技能，这四种技能在语言学习和交际中相辅相成，相互促进。学生最缺乏用英语交际的情景，而互联网教育运用了多种手段创设英语学习情景，如角色演绎、真人发音、情景会话等，同时引入高质量的音频、声频技术，使各种情景鲜活呈现。教师可以利用信息技术手段把这些多媒体素材引入课堂，优化视听教学，提高学生的英语听说能力。

（一）利用信息技术手段创设生动形象的课堂情境

英语听说教学强调在进一步发展学生语言综合运用能力的基础上着重提高学生用英语获取信息、处理信息、分析问题和解决问题的能力，形成基本的跨文化交际能力，为学生以后的发展奠定坚实的基础。为此，教师可以运用现代教学手段为学生创设生动形象的课堂情境，以提高听说教学的有效性。

1. 制作教学课件辅助听说教学

信息技术和互联网已经打破了传统的课堂教学模式，教师和学生可以借助网络收集和整理相关的视听说资料作为教材的拓展学习资源。如果教师仅以单一的声音和文字信息刺激学生，既枯燥又容易使学生产生疲劳。为了使教学内容生动形象，教师可利用PPT、Flash等工具制作简单的教学课件，或通过文本阅读等手段扩充教学信息，拓展知识范围，使课堂结构更趋开放，从而加深学生对知识的理解，有效吸引学生的注意力，让学生积极思考，踊跃回答问题，大大活跃课堂气氛。

2. 课前有效导入

在英语听说教学中，导入非常重要。教师在教学过程中正确、有效地导入可以使学生在课堂上有目的地听，有选择地说。头脑风暴是很好的课前导入活动之一，许多环节都可以借助信息技术来完成，起到语言准备的作用。词汇网同样可以用于听说之前的教学，如用于激活语言图式或教授单词。如果听力材料涉及购物，可以以"shopping"为中心，让学生构建词汇网，这样不仅激活了购物的图式，还能帮助学生熟悉听力中可能遇到的词汇。这些活动的设计可以很好地激发学生的学习兴趣，启发学生的思维，调动学生学习的积极性，提高课堂效率。另外，教师可以讲一些健康有趣的笑话作为开场白，尽量用生动风趣的语言吸引学生，课堂生动有趣了，学生便学得轻松，自然会爱上这样的听说课堂。教师还可以组织学生根据预习内容进行课前一分钟演讲，这不仅能巩固学生的课内知识，也能提高学生的逻辑思维能力和语言表达能力。

3. 真实生活进入课堂

教学离不开生活，把真实生活带进课堂，使语言自然融入视听背景之中，也是很好的教学手段之一。通过图片、课件、声频、录像等材料，让学生积极思考，全身心地投入到课堂中来，激发学生浓厚的学习兴趣和强烈的求知欲，使其学习状态由被动变为主动。如在讲授仁爱版英语九年级Pollution的听说课前，教师让学生在课前收集一些生活社区环境的照片，把这些素材制成PPT，引导学生参与合作、小组讨论、同伴分享等活动，让学生了解课文背景知识的同时加深他们对环境的认识，提高环保意识。把教材上抽象的语言符号与相关材料背景有机结合，活学活用，既增强了听说课堂的教学效果，又培养了学生的语言能力。

4. 复述课内外文本

现行教材有很多故事性、逻辑性较强的课文，教师可先带学生学习，然后让学生复述主要的故事情节，也可以复述课外小短文。一般来说，教师所选资料的内容要具体生动，有明确的情节，生词量不要太大。开始时可以练习复述小故事，有了基础后，复述的题材可以进行扩展。可借助PPT或思维导图展示相关的新单词、关键词或关联图等，以免学生遗漏主要情节。课文复述是提高听说教学质量、增强学生语言实践的有效形式，有利于培养学生的创新思维能力和自学能力，也能较好地帮助学生加深对课文的整体理解，巩固所学英语知识，提高语言运用能力。因此，复述是提高学生听说水平的有效途径。

5. 角色表演、原声配音

角色表演或课本剧表演也是提高学生听说能力的有效途径。给学生找一个经典的英语小故事，就同一主题让学生自编、自导、自演。一方面，学生演上了自己挑选的角色，兴趣盎然；另一方面，学生在表演过程中既听又说，会话能力得到提高，从传统的知识被动接受者转变为主动发现者、建构者。

教师可以利用教材原有的配套Flash进行消音处理，制作具有连续性的一组图片，让学生根据动画内容配上一段相应的英语对话，可以是教材的原有对话，也可以是相应的自创对话，学生可以尽情发挥，对话内容不拘一格。

最后，教师还可从语音、语调、内容三方面评选出"最佳配音"。动画配音不仅可以激发学生使用英语进行对话的兴趣，而且能够培养学生随机应变的能力，大大提高学生的交际能力。

（二）利用信息技术创设课外听说情境

课外活动是课堂教学的延续，组织形式多样的课外活动能使学生的英语综合运用能力得到持续发展。现代信息技术已进入千家万户，学生对电子产品的使用也比较熟练。如果教师能巧妙运用各种信息技术把英语听说教学延伸到课外，让学生动起来，一定能收到意想不到的效果。

1. 记录成长经历

新课改倡导培养学生动手操作、参与实践的能力。教师要善于整合教材，挑选适合学生课外实践的话题，让学生的听说学习在课后也能得到延伸和补充，提高学习效率的同时提高学生的听说技能。如学生结合教材所学"Have a good summer holiday"这一话题，用手机、相机等记录假期里的快乐瞬间；如学唱一首英文歌曲、拍摄一段不少于2分钟的美食制作过程，边录像边解说；如有的学生假期外出旅行，用照片制作简单的PPT，图说旅程。这些活动看似简单，但制作起来并不容易，需要学生熟悉歌词和旋律、流程、所见所闻等，要进行反复的练习。这些活动的开展能很好地培养学生运用英语进行逻辑思维及表达的能力。教师从学生的语言、表演、艺术效果等多方面予以评价，选出最佳作品。这样的课外作业给学生的才艺展示提供了平台，也让学生在真实的语言环境中感受英语，提高了人文素养。

2. 应用原版英文电影

学生在教师给出的原版英文电影范围内挑选五部最喜欢的电影，如*The Lion King*、*Despicable Me*等，课后开展影视欣赏活动，感受原汁原味的英语。教师可以节选其中比较简单的若干片段发给学生反复观看，记录对白，小组反复练习，在听说课上或英语角现场演绎。让学生在欣赏电影的同时模仿其语音、语调，很好地培养了学生的场景理解能力和口头表达能力。

3. 合理使用网络通信手段及学习资源

英语教材中常有一些以电子邮件的格式出现的文本，教师可以教会学生正确使用英文电子邮件与世界各地的朋友交流，从而不断提高英语表达能力。除此之外，教师和学生可以在网络上通过建立QQ群、微信群等及时解决英语学习上的问题或者进行其他方面的交流和探讨，也可以通过展示学生的优秀作品为他们开辟新的交流空间。另外，教师还可以给学生介绍一些有用的网络英语学习资源，通过丰富的图像、声音、动画、视频等对视觉、听觉的刺激，极大地激发学生的好奇心，不仅让学生对枯燥的词汇、语法变得有兴趣，还可以提升学生的听力水平。

三、结　语

目前，英语听说教学中存在的问题比较多，要改变这种情况，就要明确英语听说教学的教学目标，提高学生学习的主动性及参与度，在教学过程中恰到好处地运用信息技术辅助英语听说教学，既能传递教学信息，利于学生使用现代化网络信息资源，拓宽学习渠道，又能让学生在轻松愉快的环境中获得知识，取得良好的学习效果。因此，初中英语听说课上运用信息技术手段对优化听说教学、提高听说水平有十分重要的意义。

英语核心素养视角下的
中考备考策略探析

随着我国高考改革的到来，中考也紧跟其步调，学科水平测试中对学科核心素养的考查呈显著增加趋势。纵观2018年广东省中考英语试题，命题选材构建了学科素养考查的基础，增加了对优秀中华传统文化的考查，体现了"突出语篇，强调运用，重在交际"的命题思想，语言地道，词汇要求较高，语境更加完整，考点稳定，凸显对必备知识、学科素养、关键能力的考查。本文通过对近年来中考试题所呈现特征的分析，试图从英语学科核心素养的视角探讨中考备考更多行之有效的策略。

一、分析核心素养视角下的试题考查特征

自2016年中国学生发展核心素养研究成果《中国学生发展核心素养》正式发布以来，各学段的课表修订、课程建设、学生评价等众多事项都以该核心素养作为依据。随之出台了《普通高中英语课程标准（2017版）》，英语课程总目标的"五维目标"也逐渐被学科核心素养所取代，英语教学也适时做了相应的调整。英语学科的四大核心素养包括语言能力、文化品格、思维品质、学习能力。就2018年中考听力部分与笔试部分两大板块的试题来看，各类题型都具有鲜明的学科核心素养考查特征。

1. 对语言能力的考查

语言能力是构成英语学科的基础要素，是在社会情境中以听、说、读、看、写等方式理解和表达意义、意图、情感态度的能力，要求突出语篇、结构与语境。近三年来，中考英语时长不变，试卷长度明显增加（未计听说部

中篇 善思

133

分），且语句难度增加，内容广度增加。如阅读理解B篇是科普题材文章，单词和句型有一定的难度，部分学生读了觉得文章生涩难懂，这就要求学生具备相应的语言能力及丰富的跨学科知识。

2. 对文化品格的考查

文化品格最能体现学科的价值取向。2018年的试题选材崇尚科学，关注时政热点，渗透中外文化知识，弘扬中华优秀文化，培养学生的家园情怀，拓宽学生的国际视野。如听力部分涉及传统文化中的餐桌礼仪、生肖年份等；选择题在语境理解中考查语法，涉及常用搭配、信息科技、时政热点等，考查了学生文化知识的厚度和理解能力。

3. 对思维品质的考查

思维品质能体现学生的心智特征。试题中对思维品质的考查明显增多，完形填空、短文填空、读后话题写作都重在考查学生的思辨能力、学习能力和创新能力。如书面表达部分涉及的是思辨型话题作文，话题角度比较新颖，"共享小图"（迷你图书馆）在国外比较常见，国内较少见到。要点跨度稍大，学生需认真读题，理清要点，做到有理有据才能较好地完成，真正考查了学生的思维能力及语言运用能力。

4. 对学习能力的考查

学习能力是学生长远发展的条件。试题整体考查难度符合中学生的认知水平，部分区域试验听说部分与笔试分开考查，这就要求考生要有调整学习方法及备考策略的应变能力，扩宽学习渠道，提高学习效率。

二、探究核心素养视角下的备考策略

（一）遵循备考原则

第一，依纲靠本，万变不离其宗。依据《义务教育新课程标准（2011版）》及2019英语中考《考纲》中的"考纲范畴和命题原则"，2019年的中考试题整体分值及考查题型与2018年保持不变，但少数词汇有增删，个别题干说明亦有微调，如听力部分的"根据所听到的句子或短文"调整为"根据所听到的话或讲话"等，凸显英语学科的工具性和人文性。而语言能力、思维品质、文化意识、学习能力等均被纳入考查范围，这也向我们传递着一个信号——备考不能只顾刷题。

第二，精准把握考情，激活学生的最近发展区。苏联心理学家维果茨基的最近发展区理论认为，儿童实际的发展水平与潜在的发展水平之间存在着最近发展区，需要教学引导，才能促进其良好发展。因此，教师要精准把握考情，更要把握学情，明确本学科要考什么、怎么考、怎么备考，让学生知其然，也知其所以然。学生需熟知必考题型、考点及知识能力点，并在教师的引导下掌握一定的备考策略，做到对症下药，强化训练，以激活最近发展区，养成良好的思维习惯应对考试。

（二）把持备考意识

中考备考从来都不是盲干，有些教师总喜欢带领学生终日在题海中浮沉，生怕错过每一套题，这种疲劳重复式复习模式往往是事倍功半。备考是一项系统工程，关键是教师应具备一定的备考意识。

一持大局意识。充分发挥教研组的集体智慧，研究考试命题，反思复习教学，分析测试数据，做好错误归因，对症下药。二持命题意识。无论是大至中考试题，小至模拟考、小测还是作业，尽可能多地研究近五年中考试题的命题动向，力求真、准、活、新。三持时政意识。近年的中考试题越发注重科学选材、时政热点、文化渗透、家国情怀。因此，备考教师有必要在复习过程中做到眼中有试题，有学生，心中有社会时政热点，多与学生交流分享，增加同一话题的知识储备量。四持寻根意识。及时捕捉学生的易错点、难点，做好学生读题、解题方法与应试技巧的指导。

（三）落实备考策略

综合近三年的中考英语试题可以看出，中考命题越来越注重学科核心素养的渗透。北京师范大学外语学院王蔷教授谈到具体实施英语学科核心素养时说："以主题意义探究为目的，以语篇为载体，在理解和表达的语言实践活动中融合知识学习和技能发展，通过感知、预测、获取、分析、概括、比较、评价、创新等思维活动，构建结构化知识，在分析问题和解决问题的过程中发现思维品质，形成文化理解，塑造学生正确的人生观。"作为教师，要不断学习新理念，提高自身的专业素养，在指导备考的过程中重视真题，细读近年真题，领悟命题的原则及评价理念，研究命题规律，以改进备考方式，提高复习效率，落实英语学科核心素养的培养。

中篇 善思

1. 重视基础，强化语用

词汇是构建语言的材料，是学生形成语言能力最重要的组成部分。词汇和语法知识是提高学生综合运用语言能力的根基。从内容效度分析可见，2018年中考试题注重考查学生在语境中综合运用词汇、句法、语法等知识的能力，语法题题干均在15个单词以上，阅读篇章每篇在250个单词左右，阅读量的增加让部分学生做题时感到费时费力。鉴于此，建议教师把词汇复习与积累贯穿于备考始终，使词汇集群化，即高频词汇、话题词汇和考纲词汇相互补充，注重词汇学习、积累的方法指导与培养。此外，备考要走出语法，走向语用，按交际的需求重组语法的分类系统，重新估量语法知识的权重，在鲜活的情境中复习基本的语法项目，在清晰的语篇中复习语法。教师还可以基于建构主义学习理论帮助学生搭建写作的脚手架，开展多样化的写作训练，快速提升学生的语用能力和学习能力。

2. 重视归类，强化阅读

阅读是复习主线，篇章阅读主要考查学生的阅读理解能力、语言运用能力、逻辑思维能力和分析判断与归纳能力，考查的知识面广，覆盖面大，综合性强，灵活性高，要求学生既要运用学过的基础知识，又要积累一定的文化品格，还要具备一定的语言能力和思维品质。近年的试题中，完形填空主要考查词汇、习惯用语、固定搭配、语法、句法等基础知识。阅读理解的A、B篇要关注表层语意和深层含意，增强对所读语篇中包含的语言、社会、文化、科技、资讯等各方面信息的综合理解和推断能力；C篇配对阅读的字数呈递增趋势，干扰项干扰性变强，做好这道题除了阅读技巧，学生还需要耐性，切忌想当然。

为此，建议教师按照新课标语境内容的要求做好话题归类阅读复习，巩固已学的相关词汇知识，把握词汇运用的准确性和多样性，增强语感，选择地道真实的语篇材料，培养学生的语言欣赏水平。语篇素材要精选精练，限时阅读，由简到难，让学生尝到成功的喜悦，增加答题的自信心。同时要做好各类文体语篇阅读习惯的训练与解题技巧的指导，如主旨大意类、细节理解类、词义猜测类、推理判断类等，重视学生语言能力和思维品质的培养。

3. 话题写作，内化输出

研究表明，以教师为中心的写作纠错反馈使学生变得被动和依赖。当前，个别教师对学生的写在备考指导中相对缺位。教师平时要注重话题读与写的综合教学，可结合听、说、读、背进行，开展听后写、说后写、读后写、背（美文佳句）后写等教学活动，积累话题词句，服务于写作，重视过程写作的教学指导，做到一文二稿，培养学生的思维品格和语言能力。2018年中考的话题写作"Free library"，虽然写作要点较多，但其实是多个话题的结合体，如介绍我是谁、谈感受、谈目的、说好处和提问题，以及咨询建议，都跟初中英语24个话题息息相关。只要平时做好写作教学指导和评价反馈，鼓励学生勤写、乐写、优写，一定能出色地完成写作任务。

三、结　语

成功在课堂，潜力在学生，优势在群体，关键在落实。从英语学科核心素养视角探析中考备考的复习策略，旨在与同人探讨中考英语测试的反拨作用，同时引导师生关注中考命题的理念和方向，认清中考测试的趋势，及时调整教学及备考的策略。

下 篇

践 行

勤学乐研，互助共赢

2015年12月，广东省教育厅严格遴选产生了新一轮（2015—2017）广东省名师工作室主持人，江门市第十一中学钟燕青老师光荣入选，这是由广东省教育厅批准和授牌，以工作室主持人姓名命名，集教学、科研、培训等职能于一体的教师合作学习与研究共同体。

钟燕青名师工作室自揭牌以来积极做好省教育厅名师工作室的建设工作，努力提高中学骨干教师培训培养的质量和效益，履行了"勤学乐研，互助共赢"的研修宗旨，并以工作室2017年中小学教育科研能力提升计划（强师工程）重点项目《课例反思导向下初中英语教师专业发展的实践研究》为提升目标，通过理论学习、主题沙龙、观课品课、教学研讨、专家引领、参观交流、网络讨论等研修活动，为工作室成员、学员的专业化成长搭建发展平台，切实提高工作室学员的教学教研能力和学科专业素质。由于得到了上级各部门及学校的大力支持，至今已先后完成了三批来自全省各地共33人的省级骨干教师跟岗研修活动，全体学员满载而归，从此将踏上教育生涯的新征程。

一、迎八方学子，凝聚团队力量

来自全省各地的学员都是由各培训高校完成理论研修后分派到各个工作室进行跟岗研修的。工作室结合高校的第一阶段理论研修，对不同学员的跟岗学习做了精细的计划和安排。从开班仪式开始，学员就要进行英语学科专业上的分组、合作、互助、分享等一系列活动。他们一起生活，一起出行，一起学习研讨，彼此之间随时进行小组、个人的交流或讨论。紧凑而有序的研修活动让他们的学习广度、深度有了质的飞跃。

二、听四方讲座，提升专业素养

每次跟岗学习，工作室都综合江门市内的优质教学资源，组织学员到市直三区的学校开展校际教研活动，或与江门市的其他工作室进行联动，互相交流，共享资源，听名师导学，观名校风采，品侨乡文化。工作室亦诚邀各方指导专家莅临工作室进行精准辅导，快速提升了英语教师的专业素养和专业水平。工作室主持人钟老师更是以自己早行几年的成长经历带领学员们少走弯路，探讨如何上好课、如何做课题、如何撰写论文等，言传身教，让学员们明白任何成长和成功从来都不是一蹴而就的，只有充满信心和希望，迎接挑战，不断学习，不断超越，实现自我发展，才能在专业发展的道路上越走越远。

三、观双方授课，练就课堂真功

每一次的跟岗学习，工作室团队成员与省级学员结对开展同课异构或交流课，教材涵盖各类版本，课型有听说课、阅读课、读写课、语法课、词汇课、复习课等。每一位教师都展示自身的最大优势，充分利用自身的地域特性、个人的魅力和特质，以情激趣，巧妙的设疑、风趣的语言、思维导图的妙用、活动设计的层层递进等，可谓"人无我有，人有我新"，每一位授课教师都是"集百家之精华，练本家之本领"。工作室还特邀专家教授进行课堂教学诊断及交流，教师在观课、品课、辩课的过程中不断思考，不断完善自己的教学，专业素养和专业水平在跟岗期间得到了快速的历练和提升。

四、存一方情谊，携手共进新途

每一次的跟岗研修，学员们都非常珍惜宝贵的学习机会，都期待着把学到的理论知识应用到跟岗实践中来。跟岗教师们除了从专家导师身上汲取养分外，也从同伴身上收获了很多的惊喜和温暖。虽然白天的学习安排得满满当当，晚上还要挑灯夜读，学员们一起做海报、写日志、做课件、写论文、

下篇 践行

修改课题……思想的碰撞、情感的交流、思维的激发、眼界的开阔，全都印证了"三人行，必有我师焉"的古训。累但很充实，大家仿佛回到了青葱岁月，抛开纷纷扰扰的事情，静心学习，做一名纯粹的"学生"，收获更多的成长与友谊。学员们努力学习，奋发向上，互学互助，做最好的自己。愿每一次的跟岗学习都能成为教师个人专业发展的新起点！

最美人间四月天（2017）

一、走进阳春

"人间最美四月天，不负春光与时行"，我有幸参加了广东省中小学新一轮"百千万人才培养工程"培养对象"走进乡村"教育活动，走进山清水秀、人杰地灵的阳春市，进行示范送教活动。

上午，阳春市教育局领导、华南师范大学项目办领导及来自各校教师500多人出席了隆重而简单的"走进乡村"教育活动启动仪式，随即开展了7个分场的讲座。下午，我们小分队一行来到了环境优美、教学淳朴的实验中学，见到可爱的学生和可亲的带班陆老师，我悬着的心一下子就放下了。我上的是中考英语话题写作课"Green travel & enjoy riding"，一句"猜猜我是谁"把学生的热情点燃起来。我以"cycling"为主线贯穿整个话题，从词到句再到篇章，以"六步过程写作法"引导学生如何写好一篇习作。学生特别棒，他们非常投入，积极配合完成各项教学活动。

感谢省厅、华师项目办、阳春实验中学及阳春四中的师生们让我有这样的机会走出去，吸收更多教育教学的阳光和雨露。课后的评课活动带给我深刻的感悟，教师唯有学而思、思而践、践而悟，才能更好地促进自己的专业成长。

二、走进江海

阳春归来，送课的步伐并未停止，我与我的工作室团队继续走进江海区

143

麻园中学和礼乐街道第三中学开展送课交流活动。

在麻园中学，我和郭茜老师进行了同课异构，教学内容是英语写作课"Green travel & enjoy cycling"。同样的内容，不同的解读和教学设计，我们经过精心准备、认真打磨，展现出各具特色的教学风格，给所有的听课教师带来了两节精彩纷呈的好课。

课后，工作室团队教师和麻园中学的英语科组教师就两节课进行了集中评课和交流。大家热烈讨论，畅所欲言，不同的策略和方法在交流中得到碰撞和升华。我结合九年级英语中考作文教学的短板，从微观、中观、宏观的角度详细分享了初中英语过程写作的理论指导和具体操作，并进行了中考备考话题写作复习的指导，与大家一起探讨英语作文教学乃至中考复习一直存在的困惑与对策。此外，我结合自身的成长对在场的青年教师提出了勤奋学习、勇于担当的殷切希望。我们将充分发挥省工作室的示范引领作用，带动区间学校教师互学互助，共同提升。麻园中学英语科组长李老师对我们工作室团队来到麻园中学传经送宝表示衷心感谢，鼓励教师在英语教学中做出相应的改变，真正践行实效的英语复习教学。

好课送不停。一周过后，我们工作室来到江海区礼乐街道第三中学，我继续上英语备考复习的话题写作课。虽然本课是我第三次展示，但我在原来的基础上结合学情做了改动，因为我始终铭记"因材施教，精益求精"的教学原则。这堂写作课围绕绿色出行的环保话题展开，我结合生活实际，以共享单车这一新事物让学生开启头脑风暴，为后面的写作做了大量的铺垫，让学生从思维上形成从词到句到篇章的构思。一开始，学生面对我的全英教学指令比较腼腆，都不太敢接话，但我努力把握一切切入点，逐渐调动了课堂的气氛，学生慢慢活跃起来，积极地投入到课堂活动中来。

课后，听课教师就这堂写作课进行了认真的评课和交流。大家积极发言，从教学设计的理念、活动的编排、学生的学情分析等不同角度探究如何提高学生的写作水平。一堂示范课的精髓不在于教学的设计有多么精美华丽、课堂有多么精彩纷呈，而在于它是否能作为一个引子，引导学生主动参与学习，给听课者、授课者带来激活与反思。工作室团队教师通过与学校英语教师经验分享、答疑解惑的互动交流，纷纷认为过程写作教学法指导性强，高效实用，也对接下来的中考备考话题写作复习及平时写作课教学充满了信心。上完这堂示范课，我对自己的课堂教学有了新的思考，在与教师们的交流中也重新梳理了自己的思想理念，这就是教学相长吧。

四月的春阳让大家心里都暖暖的，我相信"聚是一团火，散是满天星"！

一份执念，一份敬畏（2018）

一、走进封开

"有这样一群人，他们扎根广袤的乡村，为乡村的学生播撒知识的火种，让乡村的文脉得以延续，让民族的文明继续传承，他们有一个共同的名字——乡村教师。"4月，细雨霏霏，华南师范大学组与我们省"百一""百二"的培养对象代表一行40多人走进肇庆封开县29所中小学幼儿园，开展了一系列的"走进乡村"送教活动。

上午简单而隆重的启动仪式结束后，各送教教师、校长等当即奔赴各所学校。经过一个多小时的迂回路程，我来到了离县城60多千米外的莲都镇中学。一下车，校园的山风水韵与质朴宁静的气息扑面而来，午困与不适一扫而光。课堂上，学生真挚而好奇的眼神大大地激发了我的一腔热情，课堂气氛慢慢活跃起来，生生之间的合作分享、师生之间的交流解惑让我们彼此都收获满满。下课了，不少男生悄悄地向我亮起他们的小手："Sometimes it is difficult, but keep trying."真没想到，我课上一张小小的笑脸竟然刻在了学生的手心里。还有不少学生离开了教室又折返回来，只为了跟我说一声："谢谢！老师您辛苦了！"多懂事的孩子！我们萍水相逢，但一节课让我们懂得了互相尊重与珍惜。

第二天，小分队20多人往中转站南丰镇进发。大约下午一点，我随封开县教育局英语教研员陈南光主任和大玉口学校的吴科长继续向乡村纵深处走去，虽然路更弯，途更远，但我已经没有了昨天的晕眩。一路上，车上几人聊得火热，送教的热情一分未减。终于到达了大玉口学校，看着眼前简朴的教学楼和热情的校长老师们，还有欢快的同学们，我无法抑制心中的兴奋和感动。据了解，大玉口学校是一所九年一贯制学校，还有好几所教学分点，而学生九成以上都是留守儿童。教师也都是以校为家，为人师者更担爹娘之任，管理与教学任务之重可想而知。

虽说我几近全英教学的课对调动学生的积极性有点困难，但学生的眼神仿佛告诉我他们在很努力地听取和消化我的言语，以最快、最独特的思维方式给予我不一样的反馈。还好，我没有放弃！我们每向前走一小步，都是让学生迈开自信的一大步。真想不到，学生还能对同伴的习作进行点评呢！我仿佛看到了牙牙学语的孩子爬起来迈开第一步的难忘瞬间，那一刻，我感觉自己是最幸福的"妈妈"。

乡村的学生大多纯朴，乡村的教师亦是如此。两天的课后研讨交流，我深深地被乡村教师们对学生的大爱与坚守、对教育事业的坚韧和坚持所感动。

尽管学生来自远近不同的村落家庭，尽管很多学生的家长迫于生计外出打工，尽管学生偶尔也会犯点小错误，但乡村教师始终守护着这些学生，言传身教，诲人不倦，舍小家顾大家。他们用岁月和爱心守护着乡村里的希望，用智慧和奉献托起乡村学生的梦想。乡村教师最执着的是如何才能教好这些学生，我也以多年的做法和经验与他们做了分享和探讨。我为他们在条件相对薄弱的环境中能依然保持这份坚持、这股韧劲感到由衷的敬佩，也为自己能有如此的学习、成长机会而倍感珍贵和感恩。为人师者不易，乡村教师更不易，致敬最美的"麦田守望者"，致敬那些在平淡和艰难中依然微笑前行的乡村教师们。我也愿意、乐意倾我所有与同行者继续砥砺前行。

春天是播种的季节，愿我们的结对子在这美好的季节里春播夏耘、秋收冬藏。"Sometimes it is difficult, but keep trying."

二、与乡村教师"手拉手"后记

钟老师，谢谢您的到来！从您的示范带学中，我深刻认识到自己教学中的问题和不足，也给了我很多启发，更激发了我对今后英语教学的新活力，真是受益匪浅！

这一次乡村教师和省级名师"手拉手"活动，钟老师的这节英语话题教

下篇 践行

学读写课内容设计新颖独特、循序渐进，让学生在轻松的环境中掌握写作的方法和技巧，对英语写作一直是弱项的乡村学生来说有着很好的启发性，同时给乡村英语教师写作教学带来了很多启迪。我也深深地认识到自己和钟老师在教学设计理念和课堂教学技巧上的巨大差距。

在和钟老师与陈主任的课后研讨中，钟老师对农村英语教学存在的问题做了分析，提出了可行的解决方案，还就中考英语备考与我们分享了很多实用的经验和建议。这看似信手拈来的分享会隐藏了钟老师多少的付出与努力啊！说实话，能与钟老师结对子真是让我大受鼓舞，内心充满动力。我深知"工欲善其事，必先利其器"，作为英语教师，专业不能丢，还要与时俱进，深度学习和思考。我会把握机遇，积极磨炼自己，努力提升自己的专业素养，成为更优秀的自己。

这一次活动让我有机会和名师进行思想碰撞，我是打心底里感谢，特别感谢钟老师，让我更加明确自己努力的方向。

——封开县大玉口学校　吴老师

又是一年送教时（2019）

一、再次走进封开

人间四月天，桃李芳菲尽！还记得去年4月，我参加了省教厅及省"百千万人才培养工程"项目办组织的广东省"百千万人才培养工程"培养对象"走进乡村"教育活动，与肇庆市封开县的英语教师代表结对结缘。一年来，我们师徒几人互助互学，线上线下研讨不断，教学教研鼎力相助。

4月15日，受肇庆市封开县教育局教研室的邀请，我走进封开县金装中学，为该县全体初三英语教师做了中考备考的专题讲座《英语核心素养下的中考备考策略探析》，和与会教师一同探讨中考备考的策略。

时下教育最热的词莫过于"学科核心素养"，对于很多教师来说总觉得这是一个比较宽泛的词汇，在场教师均表示对学科核心素养了解不多，更难以与中考备考联系起来。因此，我首先让与会教师思考"假设你被邀请参与中考命题，你将从哪些方面把握命题"，只有把握好命题的方向，才能更精准地做好备考工作。我从英语各专题题型的命题原则及解题思路进行解读，让与会教师反思自己的教学与备考实际，力争在有限的备考时间内落实复习策略，发挥群体优势，激活学生潜力。

不知不觉，三个小时过去了，我为与会教师做了非常精细的分析和指引，讲座也接近尾声了。最后，我以美国著名作家威廉亚瑟沃德的话"The mediocre teacher tells. The good teacher explains. The superior teacher demonstrates. The great teacher inspires.（普通老师说教，好的老师解说，优秀老师示范，出色老师启发。）"与与会教师共勉，勉励在场的教师都能成为

下篇　践行

149

出色的教师。

通过此次送研活动，我们认识到：

（1）教师，尤其是乡村教师对中考备考的认识是任重而道远的。他们认真、积极、朴实、勤恳，一心为学生谋发展，能走出乡村、进入大学是一个家庭最大的荣光，也是对学校教育最好的回报。

（2）恰恰是师生埋头苦干、日夜兼程，而忘却了仰望星空，寻找那颗指明方向的北极星，适时做好学科核心素养的落地。

（3）"火车跑得快，全靠车头带。"各部门由上而下科学规划，效果肯定事半功倍。备考不是一个人在奋斗，而是一队人在负重前行，只有团队协作，才能走得更快更远。

二、走进化州

4月16日，告别春雨淅沥的封开县，我赶上省"百千万人才培养工程"的小分队，来到了阳光明媚的茂名化州市，参加2019年广东省"百千万人才培养工程"培养对象"走进乡村"教育活动化州专场。

4月17日上午，在简单而隆重的启动仪式上，广东第二师范学院教师研修学院党支部书记唐教授阐述了此次活动的目的和意义，希望参加活动的名师、名校长和乡村教师、校长能够结下深厚的友谊，实现共进、共享和共赢，推动乡村教育快速、高质量地发展。化州市教育局廖局长对来自全省各地的教育名师、名校长支持乡村教育表示衷心的感谢，并向大家介绍了化州市教育工作的基本情况。现场还组织29名名师、名校长培养对象与10所学校的教师代表结为"一带一路"教师，随即开展各类专题报告、公开课、名教师和名校长座谈等活动，增进各地各类教师交流。

启动仪式过后，我跟随我的结对子教师——黎少飞老师来到了化州市丽岗中学，只见周边学校的英语教师已早早在会议室候场了。我在会上做了中考备考策略的分析与探究，倡议大家保持一定的备考意识，有必要在复习过程中做到眼中有试题，有学生，更要有社会时政，多与学生交流分享，增加同一知识点的储备量，还要及时捕捉学生的易错点、难点，做好学生读题、解题方法、应试技巧的指导等。在场的教师很受启发，纷纷表示不但学到了一些理论知识，也从授课教师身上学到了备考策略和教学技巧，为以后的教学工作注入了强大的动力。

我把自己在学习和备考工作中的经验拿出来与大家分享，深入浅出，希望能对与会教师的备考工作有相应的指导作用。

三、回访学员

当天下午，我不畏路途遥远，继续马不停蹄地来到化州市那务镇银丝中学进行学员回访、下乡讲学活动。都说最深如斯师生情，该校的叶老师是我们工作室2016年省级骨干教师学员，虽是短短的14天跟岗，我却与她结下了一份师生情谊。

晚上，我为该校全体教师做了教师职业生涯规划的专题讲座《学习，一直在路上——我的专业成长之路》。教师们纷纷表示我的讲学改变了他们过往"走出去"的学习模式，而"请进来"的讲学更广地惠及全校教师，引领学校向既定目标迈了一大步。

讲座上，我从自身的成长经历说起，分别就机会VS挑战、学习VS无知、自理VS自谋、教师VS明师四个方面为教师解读了成长中的困惑和期盼。专业成长的内驱力源于教师的心态和追求，引导他们如何从"从业心态"转变成"乐业心态"，并从教育教学、课题研究、日常读写和团队建设中寻找教师专业成长的最好路径。最后我与教师们共勉："成功路上并不拥挤，因为坚持的人并不多。"勉励大家坚持不懈地走专业成长之路。确实，坚持不一定成功，但放弃是100%失败。坚持了，才知道这一路上有多少事情要去做！坚持了，才知道这一路上有多少东西需要学习！

我的讲学深入浅出地指引教师们认识自我，规划自我。会后，有的教师对我说："听完您的讲学，我十分汗颜。我已工作19年了，高级职称也评上好几年了，却没了奋斗目标。我一直以老教师自居，自以为教学经验丰富，无须太认真也能应付得了。每当想要学习时，总觉得没时间，家庭、孩子、工作已够忙的了。听完这次讲座真是惭愧，我发现我们发展的空间还很大，原来我们还可以做得更好。"

作为教师代表，叶老师表示在更加坚信"独行速，众行远"的同时，也更加清晰地认识到自己的不足，并表态将坚守当初的梦想：在农村学校建设一支坚实的团队！坚持不懈地为实现这个梦想而学习、实践，内外兼修，助己助人。只有坚持下去，才知道自己有多少事情要去做！

下篇 践行

151

开展结对帮扶工作，促进
教师专业发展

近几年，随着新教师的加入，学校青年教师的队伍不断壮大。为促进青年教师的专业化成长，学校以"名师培养工程"为抓手，注重发挥名教师、名班主任、学科带头人的传帮带作用，积极开展新老教师结对子活动，以老带新，帮教帮学，使新教师树立正确的教育观念，具备良好的职业道德、合理的知识结构、胜任本职工作及业务要求的教育教学水平和科研能力，以适应新课改的需要。在活动实施过程中，我们坚持求真务实的原则，精心组织，规范有序地开展，致力于促进青年教师的专业发展和发挥名师的引领作用。

一、科学规划，做好整体结对

教育大计，教师为先。学校"名师培养工程"已开展多年，名教师团队都是学校在办学实践中培养和锻炼出来的骨干教师，他们已逐渐成为学校教师队伍的中坚力量。为了更好地开展新老教师结对帮扶工作，学校教导处在活动之初便科学规划了学校名师培养对象与新教师队伍的搭配：名教师组与有几年教学工作经验、兼任班主任的青年教师结对，旨在培养新一批骨干教师；学科带头人和名班主任组分别与新教师结对，旨在从思想认识、常规教学和德育管理上予以引导，使新教师以较好的状态投入到教育教学活动中去，尽快站稳讲台。如黄荣光老师与陈永锋老师结对、陈玉荣和吕玉屏两位老师与林兆强老师结对等，帮扶效果都很显著。这样"一对一""二对一"的组合凸显了结对子活动的针对性和实效性，从而促进了青年教师的快速成长。

二、制定方案，共建成长平台

学校一直关注着教师的成长，新老教师结对及帮扶工作为各自的成长搭起了互相学习、共同进步的平台。为了让教师们在不断学习与实践中提高教育教学水平，实现学校教师队伍素质的动态提升，教导处制定了结对帮扶的相关措施和激励机制，构建了"师徒结对"模式。

作为师傅教师，要以身为范，帮助徒弟提高思想政治觉悟和师德修养，并从课堂教学入手，指导徒弟开展一系列的教学常规工作，如主动帮助徒弟进行板书设计、规范上课环节等一系列教学活动，课外帮助他们从教材分析、备课、课后反思、作业批改等环节进行改善，从理念上、教育教学方法上帮助他们解决教育教学中遇到的困惑和存在的问题，使其教学水平不断提高。作为徒弟教师，应正确理解教师的本质内涵，发挥教书育人的积极性，爱岗敬业，虚心请教，善于反思自己的教学行为，不断提高自身的业务素质。此外，学校教导处每学期安排一周的师徒跟岗活动，师徒之间互相听课不少于五节，课后及时、认真地做好评课工作；每学期进行一次科组或校级的师徒课堂教学或班会课展示活动，以检验结对的成效。另外，学校每学期都会安排名师展示课、与其他学校的交流课、青年教师外出听课学习等，为教师提供更多的学习机会。经过一段时间的帮扶和自身的不断学习，新教师初步掌握了备课、上课和课堂管理的技巧，逐渐成熟起来；老教师在帮扶的过程中以自己无私奉献、孜孜不倦、勤奋努力的师德师风潜移默化地感召青年教师，为他们树立良好的教师形象，使青年教师学有榜样、做有方向，初步形成了浓厚的师徒互助互学氛围。

三、以研促教，强化实践能力

以研促教，研教相长。科研是服务教育、提高教学质量、开展教育教学改革、提高教师素质的必要途径，尤其对教师的专业成长和教学能力提高大有裨益。因此，学校鼓励教师积极开展或参与"十一五""十二五"各级各类的课题研究，各师傅教师主动带领徒弟教师参与其中，这是教育改革的需要，也是青年教师自身发展的必然要求。徒弟教师不仅在教学上得到师傅教师的耐心指导，努力成为教学的骨干，也积极参与科研、教改，做到教学、教研全面发展。作为师傅教师，首先是引导青年教师善于总结教学工作中的经验教训，肯定其已取得的成绩，鼓励其不断前行；其次主动邀请青年教师参与自己的课题研究，有意识地让他们担任一部分工作，使他们在科研过程中找到教育改革的方向、步骤和突破口；最后鼓励青年教师把教研上的新理论、新方法和研究成果应用于教学实践，为青年教师的可持续发展提供保证。如英语学科以课题《英语有效课堂教学范式推进的策略研究》为载体，带动英语教师探究一课一模式，共同开发与使用导学稿，做到因材施教、资源共享，大大提高了课堂教学的效率。生物科组开展《基于学习共同体的初中生物学案导学模式的研究》的课题研究，让青年教师在做中学，逐渐成长为学校的骨干教师。事实上，这些以研促教的做法大大提高了双方教师的实践能力和研究能力，为教师的成长和磨炼提供了广阔的空间。

四、合理评价，促进教师发展

科学、合理、积极地评价结对子教师能最大限度地调动双方教师工作的积极性，是促进教师发展、提高教师素质的有力措施，也是学校科学管理的课题。为此，学校教导处要求每学期期末师傅教师对徒弟教师做出书面评价，评价内容从徒弟教师对待教育教学常规工作的态度、个人业务素养的提升、课题开展情况、读书学习等所取得的成绩、德育高效管理等方面结合具体事例进行综合评定。另一方面，徒弟教师对自己的成长过程做书面总结，在成长过程中对感悟深刻的经历以随笔形式呈现自己的体会或反思。教导处会对结对教师履行职责情况进行定期检查，对活动中成绩出色的结对教师予以表彰。

虽然学校开展结对帮扶活动时间不长，但给我们的感受和启发较多。一是新教师的教育教学理念得到了更新，明确了教学目标；二是老教师互帮互学、乐于奉献教育事业的精神得到了发扬和升华；三是学生学习的积极性得到了提高。

总之，开展新老教师结对帮扶工作是一项根本性的校本强师工程。在今后的工作中，我们将继续坚持从实际出发，注重实效，使结对教师相互促进，共同提高，更好地为教育服务。

胜任　优秀　卓越

"国之昌盛，系于教育；教之昌盛，系于我师。"一位教师从胜任到优秀，从优秀到卓越，离不开自我专业成长。

2019年5月10日下午，广东省钟燕青名师工作室特邀广东省"百千万人才培养工程"名师、深圳市福田区首席英语教师傅红老师及其"快乐英语"工作室团队来我校莅临指导。台山市李小珍名师工作室团队、江海区胡少信名师工作室团队、江海区四校联盟及兄弟学校教师代表、我校校级名师培养对象和青年教师等70多人参与了本次的学习活动。

本次学习活动主要有观课、品课、导研、共勉四个环节。

一、观　课

非常荣幸傅红老师亲自为我们上示范课"A poem"。傅老师课前十分钟才与七年级的学生初次见面，学生更是从未接触过英语诗歌的学习，但这丝毫不影响师生之间的互动互进，课堂一路生成，一路开花！课堂上，傅老师做学生学习的引路人，学生由不懂、不知、不能、不会，在教师的引导下，慢慢变得懂一些、知一些、能一些、会一些，从而学习语言，转变思维，提升审美，了解文化。学生学得脚踏实地，也学得轻松有趣，可见傅老师的专业真功之深厚。

这是一节充实又快乐的英语课，虽说傅老师上的是诗歌教学，却是英语听说读写的完美演绎，是学科核心素养的综合体现，是知识和情感的交织融合。傅老师抑扬顿挫地朗诵诗歌，让我们体会到英语诗歌的节奏美；傅老师声情并茂地朗诵诗歌，让我们感受到英语诗歌的音韵美；傅老师带领学生朗诵诗歌，感恩父母，感谢老师，让我们感受到浓浓的爱意。真可谓诗心为根、诗歌为体、诗意为用，诗情"话"意尽在不言中！

二、品　课

台山市名师工作室主持人李老师及广东省钟燕青名教师工作室学员陈老师分别谈了他们的观课收获：陶醉其中，回味无穷。

1. 色正

傅老师的专业素养、人文素养极高，使得课堂各个环节精彩纷呈，课堂文化熠熠生辉。绘声绘色的师生交融呈现出一幅教育教学艺术共生共荣、令人赞叹不已的美好画卷。

2. 味正

学生学习气氛浓厚，潜能不断被激发，师生笑逐颜开、身心愉悦，与会教师沉浸其中。傅老师至情至趣的教学境界使人如沐春风。"书能醉我何须酒，茶能香我无须花"，这是对傅老师课堂魅力的最佳诠释。

3. 气正

春风化雨，育人无痕。通过《A poem》的主题教学，锐意深挖英语的育人功能，用英语共学诗词，语用提升思维品质，不动声色地引领学生遇见英语学习的美好。傅老师柔美的诗人气质、独特创新的教学风格散发出一身英语教学的阳光之气，怎一个"美"字了得！

三、导　研

如何做到快乐教学、教学快乐呢？且听傅红老师主讲的《创设真实语境　实施"快乐英语教学"》。傅老师分享了她在日常教学中如何通过创设大量的课堂课后、校内校外的真实语言环境激发学生学习英语的兴趣，注重发挥学生自身学习的再丰富、再创造，让英语学习飞扬起来。学生趣配音、做海报，校园英语购物街、才艺展示、主题分享等，这些真实有趣的学习活动使得学生活化学习方式方法，合作交流，在创新中不断提升，不断进步。傅老师的教学中不仅传递着爱，更让教学充满智情、智慧、智趣，在教育中做到育心、育人、育才。傅老师对教育的热情，对学生的关爱，让在座的每一位教师都深受感染，大家都纷纷表示将铭记并践行傅老师分享的三个关键词：Love，Learn，Think！

四、共　勉

通过今天的学习，我们看到了一位卓越教师对教育的热忱，对课堂的执着，对学生的关爱，对专业的追求……很值得我们学习和自省。

青年教师的专业成长不仅关系到教师个人的发展，也关系到学校的未来、教育的未来。在过去的五年，我们学校共有新进青年教师10名，他们的到来为学校增添了活力和青春气息。短短五年，他们获得区市级以上各类荣誉共50项，其中区级荣誉26项、市级荣誉16项、省级荣誉8项。一位能胜任工作的青年教师必然经历"学""仿""创"三个阶段，学校冀望青年教师不断提高自身的专业素养，跨过胜任，向优秀迈进，更加勉励骨干教师努力成长，向卓越进发！

今天的专题活动如春雨般滋润我们的心田，为我们的专业成长注入源源动力。相信青年教师一定可以在学校的沃土上经历风雨，展翅翱翔！

凝聚团队智慧，引领教师成长

随着上一轮广东省中小学名教师工作室（2015—2017）培训任务的结束，2018年伊始，钟燕青老师继续承担省级名教师工作室主持人工作。

一、变化与传承

新一轮工作室的管理由原来的省统管下放到省级教师发展中心的分管高校（肇庆学院），取消了原工作室的成员队伍，也改变了原来省级年度学员阶段性入室跟岗的原则，直接分派地方县市的省级骨干教师培养对象入室进行为期三年的跟岗学习，工作室需承担并完成理论学习、跟岗研修、返岗实践、阶段总结等研修任务，并采取线上线下结合的研修方式，大大增加了工作室带岗的强度和难度。

尽管如此，工作室始终秉承"勤学、乐研、互助、共赢"的研修宗旨，紧紧围绕基础教育改革，以骨干教师专业化发展为目标任务，通过专家引领、名师引导、主题沙龙、实践反思、同伴互助、自我研修、网络研讨等研修方式，促进名教师和培养对象共同提高。同时，依托省教育资源公共服务平台建成辐射面广的教师网络学习空间，助推教师专业成长，为地方及本校培养高水平、专业化、创新型的名教师队伍。

二、研修与实践

自2018年初，通过自主报名、省市遴选、工作室审核等环节，最终确定了来自五邑各地市共10名省级骨干教师培养对象作为钟燕青工作室的入室学员。11月的开班仪式后，钟燕青工作室随即开展了一系列研修活动，以各种方式实现名师工作室的引领、辐射、示范作用：邀请专家开展各类专题讲座18场，教学研讨课及观课17节，工作室联动交流4次，送课下乡5节，还完成了一系列线上线下自主研修任务，完成课例反思8篇，撰写论文13篇，制作微课10套，制作简报16篇（共5万字）。

1. 理论学习——专题讲座

（1）《品"世界咖啡"，学习不一样的评课、议课方式》。

（2）德育专题讲座：《班会虽小，"五脏"俱全》。

（3）《教科研课题中期汇报范例》。

（4）《英语教科研论文的撰写》。

（5）教科研课题研究：《我的专业成长之路》。

（6）学员赴省级教师发展中心对口高校肇庆学院进行为期6天的理论学习。

（7）微课专题：《微课式导学案的实践与思考》。

（8）品牌校园文化建设：《乘和韵教育之风，扬江外特色之帆》。

（9）课题研究报告：《初中英语课堂教学中跨文化能力培养》。

（10）美国基础教育概况：《美国基础教育之我的见解》。

（11）探索教改之路：《走班式教学》。

（12）专业成长路径：《学习，一直在路上》。

（13）信息技术能力提升：《微课的制作》。

（14）专题沙龙：《中考备考的问题与思考》。

（15）专题沙龙：《英语核心素养视角下的英语中考备考探析》。

（16）《论文的修改及中考备考策略》。

（17）交流分享：《澳大利亚学习汇报》。

（18）中考备考微讲座：《基于近几年英语中考探究如何补短文填空的短板》。

2. 教学实践——观课评课

（1）学员展示课10节。

（2）青年教师研讨课2节。

（3）结对教师交流课1节。

下篇 践行

（4）名师展示课4节。

3. 进名校，从名师

（1）走进广大附中江门广德实验学校观课、评课，交流学习。

（2）走进广州江南外国语学校观课、评课，学习学科、德育及校园文化建设。

（3）走进天河外国语学校，聆听中美文化对比，感受不一样的教育。

（4）走进珠海市南屏中学，开展中考备考交流活动，了解花式击剑等校园文化特色。

4. 与各级工作室联动交流

（1）与广东省巫英名教师工作室联动交流（河源）。

（2）与江海区胡少信名师工作室及新会区李仕波名师工作室联动交流。

（3）与广东省谢燕玫名教师工作室联动交流（珠海）。

5. 送课下乡

（1）联合广东省巫英名教师工作室到江海区麻园中学送课交流。

（2）到江海区礼乐街道第三中学送课交流。

（3）到广西大新县民族希望中学送课送研交流，并与该校英语教师开展为期一年的"手拉手，结对子"活动。

6. 自主研修

（1）完成省教育资源公共服务平台广东省钟燕青名教师工作室的建设与维护，为广大教师提供网络交流学习的空间。

（2）参加"十三五"省级重点项目"课例反思"的撰写，完成课例反思8篇。

（3）参加广东教育学会外语教学专业委员会2019年中小学英语教育论文征集和评选活动，已完成13篇论文的撰写。

（4）参加广东省教育厅组织的初中英语微课资源征集与数字出版活动，完成10个微课的制作。

（5）完成跟岗研修简报16篇。

三、不足与努力方向

有一种学习，叫豁然开朗；有一种平台，叫精彩纷呈；有一种苦累，叫痛并快乐着；有一种信仰，叫任重道远，这就是我们广东省钟燕青名教师工作室的成长之路。虽然工作室2018年度的研修学习取得了一定的成绩并积累了一些成果，但还有许多不足之处，有待继续努力提升。

1. 不足之处

（1）工作室品牌建设还不够突出，网络研修平台还需不断完善，突出亮点。

（2）工作室制定了研修目标，但个别学员因工作及家庭原因还仅是达标，研修成果仍需向纵深发展。

（3）工作室团队研修成果还不够系统，多元化的成果生成仍需不断整理和完善。

2. 下一阶段的努力方向

钟燕青工作室第一学年的研修任务虽已完成，但我们所有的努力都不会停止。下一阶段，我们还要继续努力，加强工作室的品牌建设，强化工作室的制度建设，多维度提升教师团队的专业素养，力争辐射和惠及更多片区的教师。

作为主持人的我会继续用自己的责任意识、敬业品格、奉献精神、阳光心态、积极思想影响工作室的每一位成员。我们会继续互相学习，共同提高，凝心聚力，共享资源，互帮互助，砥砺前行！

始于认识，终于思考

　　作为江门市陈育庭专家工作室团队成员，在江门市教育研究院陈育庭副院长的带领下，我们一行12人于2019年10月20日至24日远赴黑龙江七台河市多所学校进行教育考察交流调研。本次考察调研内容丰富，形式多样，活动多元，包括专题报告、学校课程分享、课堂教学诊断、名师队伍建设、教科研探究、校园文化参观等。通过学习与交流，我们对七台河市教育有了进一步的认识和了解，对七台河市教育同行传承与发扬"守正创新，敢为人先"的矿工精神深表敬佩。通过对比和反思，也给自己今后的工作带来了建设性的借鉴和启迪。

一、七台河市教育之初见

1. 教育的核心价值在于以人为本

　　出行之前，陈院长向我们提出要求：明确考察任务，细心观察，善于从细节、鲜活的事例中寻找教育的核心价值，对比思考两市教育的差异。在几天的学习考察中，我们发现七台河市教育一个突出的核心要素是处处体现以人为本。我们观看了开放有序的课堂教学，教师教态亲切自然，学生学习轻松愉快，师生关系民主和谐；三点半课堂（第二课堂活动）丰富多彩，注重培养学生的个性与能力，形成相应的学校特色课程，如七台河市第九小学的和乐少年花绳队、第六小学的缤纷社团、第十小学的足球课、新建小学的速滑运动和勃利县逸夫小学的阳光体育活动等，可谓一校一品一特色。学生在和美、幸福、阳光的校园里健康成长，充分体现了七台河市教育以人为本的核心价值和孜孜追求。

2. 教师的专业发展在于学习驱动

美国心理学家马斯洛说："人的最大需求不是物质，而是自我实现的需要。"也就是说，人活着需要一种精神，教师的专业成长需要价值导向的引导，从而不至于让自己陷入职业倦怠。纵观几天的调研，我们发现七台河市虽然没有系统的名师工程建设，但每一所学校都不乏名师及名师团队，有专攻课堂教学、硕果累累、辐射面较广的第九小学铭健工作室、书法工作室和衍纸工作室，有第六小学以主课题带动小课题研究的语文科研团队和勃利县逸夫小学的语文"逸之韵"名师工作室等。"苔米花虽小，也学牡丹开。"小小工作室，无论是教学研讨沙龙还是课题引领、以研促教，在各级各类名师的示范、引领和带动下，大大激发了中青年教师专业学习的内驱力，他们发挥团队共进精神，聚焦课堂，大胆创新，积极促进自我专业的发展，成就更美好的教育人生。

3. 学校的持续发展在于人文建设

踏进七台河市的各个校园，我们深感政府及上级部门对教育的关怀支持和投入力度，硬件设施的现代化和校长管理的现代化让人大开眼界，先进的办学理念和浓厚的校园文化特色让人耳目一新，很是值得我们学习。

陶行知先生说："校长是一个学校的灵魂。"有什么样的校长就有什么样的学校。我们所到的学校，校长都特别突出和优秀，综合素质都很高。学校有明确的办学方向和奋斗目标，更有着精准定位的育人理念。第九小学以"和乐教育"为核心，打造和雅文化校园，着眼学生，着眼未来，很好地诠释了"让每一个学生根植梦想"的育人理念。第六小学"为每个学生的幸福人生奠基"的办学理念，"构建幸福校园，成就幸福教师，打造幸福课堂，培养幸福学子"的办学目标，彰显着"幸福教育"的内涵；温馨舒适的开放书吧、充满创意的文化长廊，一一诉说着学校的发展进程。环境育人，这里的学生是幸福的，这里的教师是幸福的。走进勃利县百年老校逸夫小学，该校虽数度更名，但"阳光教育"一直"洒"向校园的每一个角落，桃李芳菲，春华秋实，处处呈现出"七色彩虹"。七台河市各具特色的校园文化与阳光积极的莘莘学子给我们留下了深刻的印象。

二、且行且思共成长

短短三天的调研学习，我们深深感受到七台河市教育人的灵动好学和迫切寻求同研共进的心愿。对比我们的教育教学，我们既看到了自身的优势与不足，又看到了努力前行的方向。

1. 扎根侨乡文化，做好传承与发扬

立德为本，文化是根。江门五邑各地有着深厚的人文历史和本土特色资源，更多的学校可以依托本土人文，在校园文化建设与课程设计中融入侨乡文化，尤其是跨学科文化的融合、基础课程与校本课程的融合等，营造良好的传统文化氛围，深入实践社会主义核心价值观，传承与发扬五邑人民务实创新、勤劳克俭、爱国爱家的优秀传统，从小涵养学生的家国情怀和民族意识。

2. 积极推进教育信息化，为教师赋能

信息技术的应用给教学活动带来一定的挑战，也给传统模式的改变带来机遇。此行让我们大为感叹的是七台河市教育信息技术与学科教学的融合，数学课、语文课上，师生展示了真正的互动式教学，形象生动，大大提升了课堂教学的效率与质量。着眼现在，未来已来。教育信息化的发展已进入2.0时代，我们要大力提升教师的信息素养，推动教师主动适应信息化、人工智能等新技术变革，积极开展有效教育教学，打造高效学习课堂，培养高素质综合人才。

3. 聚焦课堂，走科研兴教之路

质量是教育事业的生命线，提高质量是教育改革发展的主旋律。近年来，从省、市、区到学校都在大力强化科研兴教意识，改善教育教学实践，提高教育教学质量，促进师生共同发展。事实上，教师通过问题导向、项目驱动、聚焦课堂，积极开展各项德育、校本教研工作，对促进教师专业发展、推动中小学新课程实施、大面积提高教育教学质量起到了积极的作用。学校要切实加强对校本教研工作的组织领导，为校本教研的健康发展提供保障。

4. 依托名师队伍，打造教师成长的共同体

自广东省"强师工程"项目实施以来，五邑各区着力打造名师梯队，培养了系列专家、名师。借助名师工作室这一平台，通过名师引领、实践反思、团队合作，加快中青年教师的专业化发展。此外，工作室通过送课送研、结对互助、联动交流等活动，辐射周边区域学校，做到以点带面、立己达人，致力打造集学习、实践和研究一体化的教师专业成长共同体。我们愿意与七台河市的名师队伍携手共进，互通有无，共享资源，为努力培养一批有教育思想、教学风格和教育情怀的优秀教师队伍而努力。

三、结　语

　　本次考察学习之行带给我们的收获是全方位的，我们将与七台河市手拉手，坚定不移地走文化兴校、科研兴教之路，积极推进学校学科特色建设和课程建设，努力打造教师专业成长共同体。未来，我们将不忘初心，继往开来，继续前行！

鸿鹄有志勤耕耘，不负韶华共成长

当是姹紫嫣红时，又是一年春报喜！2019年，广东省钟燕青名教师工作室团队始终牢记使命，笃定前行，奋力逐梦。

2019年是工作室运作的第四年，有了前期建设的不断完善和补充，工作室的带岗工作渐趋成熟，也积累了一定的经验和资源。年初，研训计划便立下"守正创新"的决心，以工作室"十三五"省级科研项目为驱动，立足工作室成员的短板及不足，聚焦课堂，以研促教，以研促学，以研代训，开展了一系列的带岗研讨活动，力争引领工作室团队走专业发展之路。

一、名师点拨，提升科研能力

一线教师不缺教学经验，但把教学经验凝练成教研成果，提升教学理念，就需要名师专家的指引、点拨，为此，工作室有针对性地邀请名师专家为成员们指点迷津。

3月，工作室要求全体成员参加了2019年广东省教育学会外专委组织的论文评审活动。主持人对成员撰写的论文初稿完成一审、二审后，邀请江门市蓬江区教研室周华章老师指导论文写作的角度和技巧，对工作室成员的论文一一做细致点评，让工作室成员少走了很多弯路。最终，三位工作室成员获得省级英语论文评审活动奖项。

同月，工作室开展微课制作的学习，邀请江门市蓬江区教育技术与装备中心潘军朝老师做专题讲座。潘老师如数家珍般地介绍了几十个用于微课制作的软件，并优选了几项让工作室成员牛刀小试，完成"跟岗任务单"第一年度的微课制作任务。

5月至8月，工作室带领团队参加了由广东省教育技术中心主办的广东省初中英语微课资源征集与数字出版活动项目，开启了微课制作的"烧脑"之旅。面向全国出版发行的微课制作要求之高一度让团队感到空前的压力，多少次推倒重来，不断修改重置，经过工作室团队的共同努力，最终完成了6个语法项目的微课资源及其配套教学资源包的编写、录制、后期剪辑任务。团队的力量、团队的智慧让工作室成员又一次见证了自我成长。

5月底6月初，工作室团队参加了华南师范大学外文学院主办的首届全国中小学英语教师"教学设计、教学实施、教学研究"三项全能培训会。参会期间，工作室成员聆听了龚亚夫老师关于中学英语多元任务设计、任务型教学法的指导；华南师范大学外文学院黄丽燕教授对英语教学设计的理论与实践研究做了综述，详细解读了"教学评"一体化的教学理念；英国剑桥大学博士郑鸿颖教授指导一线教师"如何进行课题设计及论文写作"；华南师范大学外文学院英语系主任刘晓斌教授分析了"从纯文本到多模态语篇——多模态教学资源及活动设计"，提出了培育学科核心素养的新模式。三天系统、完整的理论学习让工作室成员弥补了学科理论的不足，及时更新教学理念，了解教育教学新动态，为前行鼓足干劲。

11月2日，在湛江市举行的初中英语基于核心素养研讨会暨粤东西省级名师工作室联盟教研活动中，北京师范大学外文学院副院长陈则航教授给我们带来了专题讲座《语篇分析与阅读教学》。陈教授从语篇分析的意义、文本解读的方法、阅读素养的培养、阅读任务的设计、阅读教学的提问、阅读的层次、问题链的构成等方面给了我们多维度的框架理论，并分别配以具体的案例分析，从理论到实践操作，给我们展现了一个全新的阅读教学视野，需要我们更多地学习、研讨、实践、反思。

11月中旬，工作室主持人钟老师主持的广东省教育科研"十三五"规划2017年度研究教育科研重点项目（课题批准号：2017ZQJK023）《课例反思导向下初中英语教师专业发展的实践研究》申请结题。本课题自申报以来，课题组成员积极参与各级各类教学教研评比活动，屡创佳绩，先后获得139项奖项或表彰，多名课题组成员荣获各级各类荣誉称号。成员们撰写了多篇课例反思，完成了比较完整的课例反思集。本课题的实践研究切实提高了青年教师

下篇 践行

的教学教研能力和学科专业素质。

二、聚焦课堂，提升教学能力

课堂是教育教学的主阵地，任何一种旨在改革教学活动的研究和实践都直接或间接地指向课堂教学效率的提高。作为教师，尤其是省级骨干教师，必须树立正确的学生发展观、整体课程观和教学研究观，积极参与和推动课堂教学改革。前行路上，工作室将努力把优质资源凝聚起来，积极建设学习共同体，相互学习，相互促进。

3月，工作室在江门市第十一中学举行省区级名师工作室联动研训，与新会区李仕波工作室和江海区胡少信工作室开展中考备考研讨。工作室成员区盈好老师和冯冰老师的教学设计科学有效，为大家展示了两节非常流畅、高效的话题复习课。

同月，工作室团队走进珠海市南屏曾正中学，与广东省谢燕玫名师工作室开展同课异构中考研讨活动。工作室的冯冰老师及珠海市南屏中学的周艺锋老师同上中考语法复习课，大家都深深地被两位老师的教学智慧所吸引，获益良多。随后，谢燕玫工作室的陈慧老师和吴春梅老师从中考的方向出发，从基于学生能力培养的角度分享了《提高学生思维品质的写作实践》和《基于近几年英语中考探究如何补短文填空的短板》的微讲座，提出了非常接地气的教学建议和备考建议。

5月中旬，在工作室开展的省区级英语名教师工作室联合研训暨江门市第十一中学第三届青年教师成长论坛上，深圳市福田区首席教师、快乐英语工作室主持人傅红老师亲自上示范课"A Poem"，并做专题讲座《让英语嗨起来——创设真实语言情景》，与青年教师共同探索快乐英语教学的真谛，倡导我们做有爱、有温度的教师。

6月初，工作室团队走进华南师范大学，观摩来自全省各地骨干教师的示范课。广州市江南外国语学校的Susan老师巧妙利用学校的教学资源完成真实任务的口语教学，实现课堂教学效果的最优化；南海区外国语学校陈正尧老师的阅读课展示深入分析阅读材料，并通过学生活动辨析观点，导入自然，信手拈来，凸现了扎实的教学功底；深圳市翠园中学黄彦林老师的公开课讲解了如何对阅读材料进行浓缩总结，课堂充满激情，具有较强的感染力。

11月1日，在湛江市举行的初中英语基于核心素养研讨会暨粤东西省级名师工作室联盟北京师范大学第三附属中学跨地区教研活动中，来自四个省名师工作室的成员两两呈现了两节协同课，远道而来的北京师范大学第三附属中学林贺老师的阅读课精彩绝伦，三位名家课例点评的幅度、跨度与深度均让人神往。印象最深刻的是"课堂活动设计的关联性、适度性、梯度性与参与度""核心素养的课堂落地，关注思维与策略，关注四能——发现问题、提出问题、分析问题、解决问题的能力""课堂预设与生成，让学生成为learner而不是listener""学生最近发展区""学习目标的可操作性与可检测性""培养学生批判性思维的提问策略""有深度的教学必须建立在促进学生有深度的学习的基础之上"，每一点都指向英语学科核心素养在课堂教学中的有效落地，这是我们英语教学的归宿，也是我们需要不断反思和改进的实践应用。

三、示范带学，引领专业成长

作为省级工作室，主持人钟老师始终谨记工作室所承担的使命与责任，在深入开展的交流联动与示范带学活动中，通过一场场专题讲座、一堂堂示范课、一句句中肯建议，凝聚着同心的教育力量，希望在促进自我专业成长的同时更多、更广地做好示范带学工作。

3月初，在省区名师工作室联动研训中，工作室主持人钟老师分享的《英语核心素养视角下的英语中考备考探析》，对照近三年的中考真题，分析英语核心素养视角下的中考命题及其变化趋势，提出了客观、实在的备考建议，让与会教师拓宽了思路，对新时期备考方向有了新的认识。工作室成员甄玉珍老师做了专题讲座《中考备考的问题与思考》，从备考教师的惯性思维和经验方法的角度引出问题，指出增效的第一关键因素是教师，引导教师研读考纲，参透课标，做到脑中有纲、心中有向、课中有导，帮助学生减负，高效复习。

由于上述专题讲座收到了较好的反响，3月底，钟老师和甄老师对备考专题再做深入调研，受邀在开平市港口中学召开的江门市中考英语备考研讨会上发言，效果良好，受到与会教师的一致认可。

4月15日，受肇庆市封开县教育局教研室的邀请，工作室主持人钟老师走进封开县金装中学，为该县全体初三英语教师做了中考备考的专题讲座，和与会教师一同探讨中考备考的策略。与会教师深刻认识到备考不是一个人在奋斗，而是一队人在负重前行，只有团队协作，才能走得更快更远。

4月16、17日，工作室主持人钟老师参加2019年广东省"百千万人才培养工程"培养对象"走进乡村"教育活动化州专场，与茂名化州市丽岗中学的教师代表开展为期一年的结对子帮扶。同时还走进丽岗中学，与当地英语教师展开中考备考策略的分析与探究，毫无保留地与大家分享自己专业学习和备考工作中的经验，与会教师纷纷表示受益匪浅。

化州送教之行，钟老师应化州市那务镇银丝中学之邀，不畏路途遥远，深入农村学校，为该校全体教师做了教师职业生涯规划的专题讲座《学习，一直在路上——我的专业成长之路》，解读教师专业成长中的困惑和期盼，鼓励教师从"从业心态"向"乐业心态"转变，结合事例提出不论是教育教学、课题研究、日常读写还是团队建设，都是专业成长的最好路径。

5月，受肇庆学院教师发展中心的邀请，工作室主持人钟老师到肇庆学院为广东省"强师工程"中小学幼儿园骨干教师、校长（园长）省级培训研修项目之乡村教师访名校培训班做题为"课例反思助推教师专业发展"的讲座，与乡村教师深入分析课例反思研究的前因后果，效果良好，深受学员欢迎。

6月底，主持人钟老师参加了江门市"振兴乡村教育——名师送教下乡"活动，到台山市川岛镇、北陡镇开展送教送研活动，积极为乡村教师做好示范引领，收到了良好的效果，并与川岛镇中学李娟娟老师结对子，开展长期的帮扶工作。

10月，工作室团队走进台山市新宁中学，与台山市李小珍名师工作室开展以同课异构为反思课例的新教材外研版英语教学研讨活动，助推教师专业发展。活动中，新宁中学申海云老师及新会葵城中学卓素芳老师的课以传统文化教学为契机，充分展现了本土文化的传承与拓展，培养学生的家国情怀，设计之精巧体现了教师的用心至极和高度的专业素养。

10月30日，工作室团队与广东省庄海滨名师工作室团队一起走进湛江市开发区民安中学，开展2019年度送教下乡活动。庄海滨工作室的袁小霞、梁洁莹两位老师给我们呈现了一节创新的双师协同课，两位教师共上一节课，全新的模式焕发不一样的精彩。我们工作室由曹艳霞老师展示了一节听说课。曹老师热情奔放的个人魅力迅速激发学生的学习热情，并始终有效调控整个课堂，学生积极参与。两节课后，我们工作室的卓素芳老师还与大家分享了小讲座《亮丽的风景线——新会葵城中学英语特色校园文化活动》，充分体现了英语学习不仅限于课堂，更应向课外活动与现实生活延伸。葵城中学定位准确、形式丰富、成效卓越的特色校园文化活动很值得我们学习与借鉴。

四、不懈学习，启迪教育人生

"问渠那得清如许，为有源头活水来"，只有不断地学习，更新观念和知识，不断地在实践中总结经验教训，汲取他人之长来补自己之短，才能使自己更有竞争力和教育教学能力。

为提升专业素养，一年来，工作室除了理论学习、跟岗实践外，还积极倡导个人阅读与团队共读，坚持专业阅读与拓展阅读相结合，定期向成员推送书单，让成员研读专业书籍，培养成员自觉自学的习惯。每一次集中研训时，大家都围绕学习主题展开讨论，交流学习心得，进行思维的碰撞。尽管大家都是一线教师，教学任务繁重，但全体成员都能全身心地投入工作室的研究学习和活动中，每次活动后都自觉认真地按照工作室要求完成任务，积极撰写简报、日志、教学反思、读书心得等。

作为工作室主持人的我，一直保持学习的心态和状态，积极参与各部门组织的学习。

4月21—27日，我参加了肇庆学院教师发展中心精心组织的广东省中小学幼儿园名教师、名校（园）长管理专家工作室主持人团队学习。本次研修形式多样：既有专家的讲座，又有名校的考察；既有前沿的教育资讯，又有团队建设难题、教学改革的破解。一周的培训虽短暂，却是一次自身教育思想理念的革新，我感触良多，受益匪浅。

7月中旬，我参加了江门市教育"领雁教师"培养项目研修班学习。于我，选择了当教师，就是选择了终身学习，当学习型、研究型的教师。如此一场"盛宴"，既有理论的高度，也有实践的操作，更有学后的自省，让我重新认识自身专业素养的质度和业绩成果的厚度，收获颇丰！

9月，我参加了华师大举办的"粤港澳大湾区师德论坛"活动，学习教

下篇 践行

171

师队伍建设及师德建设的最新精神，深刻感悟到教育是以生命影响生命的事业。以德育德，传递温暖；教高以师，师高以德；教育无他，唯爱与榜样。通过这次学习，大大增强了我当教师的使命感。

10月，作为江门市陈育庭专家工作室团队成员，在江门市教育研究院陈育庭副院长的带领下，我们一行12人远赴黑龙江七台河市多所学校进行教育考察交流调研。本次考察调研内容丰富，形式多样，活动多元，包括专题报告、学校课程分享、课堂教学诊断、名师队伍建设、教科研探究、校园文化参观等。通过学习与交流，我们对七台河市的教育有了进一步的认识和了解，对七台河市教育同行传承与发扬"守正创新，敢为人先"的精神深表敬佩。通过对比和反思，也给自己今后的工作带来了建设性的借鉴和启迪。

11月初，在广东省第二师范学院和江门市教育局的精心组织下，我参加了"江门市教育'领雁教师'培养对象"省内跟岗学习之旅。本次跟岗学习走进了广州市第九十七中学，走近了教育专家林黎华校长。所见，遇见不一样的校园文化；所闻，邂逅不一样的教育思想；所思，追寻不一样的教育人生。本次学习既提升了认识，拓宽了思路，也为我今后的教学工作指明了方向。

11月底，我参加了省教育厅组织的新一轮中小学幼儿园名教师、名校长工作室高峰论坛，旨在提升主持人的核心能力，加强工作室品牌创建与建设，探讨工作室学习共同体的可持续发展，让我对本工作室的管理与发展有了更深入的思考。

五、自查自勉，笃定前行信心

一年来，工作室按照学年初制订的研修计划有步骤地开展系列研训活动，取得了实实在在的效果。虽然工作室在品牌建设与推广、成果凝练与出版等方面还有不足，我们的教学能力、教研能力还有待提升，但经过前期的磨合与实践，我们团队已明确新学年的研修方向，向着"勤学、乐研、互助、共赢"的研修目标笃定前行。鸿鹄有志，不负韶华！我们坚信，有上级领导的亲切关怀，有工作室团队的共同努力，工作室研训将更充实，成果将更丰硕！